TU NATURALEZA INTERIOR

La Mente y sus Funciones

Enseñanzas orales de
Gueshe Tamding Gyatso

Por

Isidro Gordi

Ediciones Amara. Ciutadella de Menorca

Publicado por vez primera en 2013
Por Ediciones Amara. Ciutadella de Menorca

Impreso en España / Printed in Spain

ISBN de la obra: 978-84-95094-49-0
Depósito legal: ME. 640-2012
Talleres Gráficos Vigor, S.A.
08980 Sant Feliu de Llobregat (Barcelona)

CONTENIDO

Prefacio del autor

Tu Naturaleza Interior / La Mente y sus Funciones es un libro que surge de enseñanzas orales de mi venerable Maestro, Gueshe Tamding Gyatso, correspondientes al curso 1994–1995 en Menorca. Para completar este texto me ha servido de gran ayuda unas instrucciones que recibí en 1979, en Inglaterra, donde escuché el primer curso extenso sobre el estudio de las funciones de la mente.

Afortunadamente los libros en los que se basó Gueshe Tamding para impartir sus enseñanzas orales ya han salido publicados en inglés. Y esto me ha permitido contrastar y refinar las notas de sus enseñanzas orales con las originales en que se basó. Quiero destacar los textos de donde proceden sus excelentes instrucciones: *Explicación de los Objetos y los Sujetos, Un Compendio sobre las Maneras de Conocer, Un Espejo claro sobre lo que se debería aceptar y rechazar,* de Akya Yongdzin Yangchen Gawe Lodro. Para refinar mi visión de los siete tipos de mente me he basado en *Knowledge, Naming and Negation* y *Knowing and Liberation,* de Anne Klein, así como en el libro *Mind and its Functions,* del gran Gueshe Rabten, fallecido hace más de dos décadas. También he usado *A Necklace for the Lucid: A clarification of the workings of the mind and mental factors* de Yongdzin Yeshe Gyentsen (1713-1793) así como *Un Resumen de los Cinco Agregados* de Vasubhandu (siglo cuarto después de Cristo); y el comentario pertinente del Maestro Shtiramati (que vivió en el siglo sexto).

Los textos clásicos budistas del estudio de la mente son precisos, exquisitos en su presentación y rotundos en cuanto a las descripciones y definiciones en todos sus aspectos. Precisamente por esto, a pesar de ser apasionantes, resultan difíciles de abordar.

Mi intención ha sido usar escrupulosamente las enseñanzas orales que recibí de Gueshe Tamding Gyatso, para no separarme de las descripciones clásicas tradicionales, pero a la vez procurar hacerlas más accesibles y cercanas al estudiante budista moderno, o al estudioso que desea indagar y conocer más sobre este campo infinito que es la mente. Deseo que resulte de provecho al lector y pueda aplicar tan valiosos conocimientos en su día a día, porque conocer la mente nos hace menos vulnerables ante sus veleidades.

Ojalá mi trabajo y el de todos los que han hecho posible la publicación de este libro sea causa para que la paz y la armonía alcancen todos los rincones del mundo.

Un agradecimiento especial a Marta Moll, y a Fernando y Celia de Teruel por su encomiable labor revisando el texto una y otra vez.

Isidro Gordi
Son Gall. Ciutadella de Menorca
Agosto 2012

Primera parte

La mente
y los factores mentales

Introducción

Uno de los principios fundamentales que nos presenta el budismo es que la alegría y el dolor, la felicidad y el sufrimiento, dependen de la mente. Una de las principales revelaciones del Buda es que nuestra mente crea la realidad que nos envuelve. Nuestro mundo particular, el mundo en que nos movemos, es el resultado común de los actos de todos los seres que habitamos en él: un mundo feliz, un entorno en armonía, es la consecuencia de los buenos actos realizados por el conjunto de los seres, y un mundo donde abunda la desgracia es el resultado de su actividad destructiva.

Todos nuestros actos vienen creados por la mente y son responsables de las experiencias que vivimos. Conocer la mente nos interesa, tanto para entender sus instintos y reacciones como para influir de una manera consciente en nuestra situación personal y en el mundo. Así se afirma en el *Dhammapada*:

> La mente es el elemento creador de todo lo malo. La mente es lo principal, cualquier condición negativa es creada por la mente. Si con una mente envilecida uno habla o actúa, el dolor se pegará a sus talones como la rueda sigue al buey.
>
> La mente es el elemento creador de todo lo bueno. La mente es lo principal, todo lo positivo es creado por la mente. Si con una mente limpia uno habla o actúa, la felicidad le acompañará como la sombra sigue al cuerpo.

Lo que indica este verso es que las experiencias cotidianas no ocurren por casualidad, ni son producidas o enviadas por un ser omnipotente, sino que son el resultado de nuestros propios actos. Nada más, es así de sencillo.

La mayoría tenemos poca información acerca de la naturaleza y mecanismos de la mente, ignoramos cómo se generan las diferentes actitudes mentales y de qué modo afectan éstas a nuestras experiencias en la vida. Incluso nos cuesta discernir entre lo que son mentes virtuosas y no virtuosas. Tanto es así que oponemos una débil resistencia a las primeras, y nos abandonamos relajados a las segundas. Por todos estos motivos, el estudio de este libro es tan recomendable. El análisis profundo de la propia mente nos interesa para conocer su naturaleza y, lo que es más importante, para detectar la enfermedad congénita que padecemos como seres humanos: las emociones aflictivas, los engaños mentales (*skt. klesha*).

En este libro descubriremos la estrecha relación entre la actividad incesante de la mente y el karma, reconoceremos el papel que juegan los estados mentales en el acontecer de nuestras experiencias agradables y desagradables. Una correcta comprensión de la mente, en última instancia, nos abre la puerta de la Liberación. Tal como señala una conocida escritura budista:

> Cuando comprendas tu propia mente te convertirás en un Buda; no busques la Budeidad en ninguna otra parte.

Qué es la mente

La primera sección de este libro explica la mente desde un punto de vista psicológico, es decir, presenta el plano de nuestro mundo interior y sus peculiaridades. La segunda aborda el análisis de la parte cognitiva o epistemológica, es decir, de cómo percibimos la realidad que nos envuelve y qué tipo de percepciones podemos considerar válidas y cuáles no. Propone también el modo de desplazarnos desde las visiones erróneas hasta la, así llamada, visión correcta o vacuidad.

Pero, ¿qué es la mente? Para evitar equívocos es fundamental establecer, en primer lugar, la naturaleza y funciones de la mente a la que dedicamos el presente trabajo. He aquí algunas de las características que la definen.

1. *La mente no es un fenómeno físico estático, sino un continuo dinámico inmaterial* que produce toda la actividad que llevamos a cabo con el cuerpo y con la palabra. Si la mente es influenciada por factores mentales negativos, la persona tendrá mayor tendencia a actuar contra los demás y con su actividad reforzará una tendencia negativa que le acabará perjudicando. Tarde o temprano, estas semillas que va sembrando madurarán como experiencias de dolor. Si por el contrario en la mente predominan factores mentales virtuosos, las tendencias que siembra la persona con sus actos darán como resultado armonía y felicidad.

2. *La mente no tiene principio ni fin.* La mente que te acompaña ahora, en el presente, tiene una larga historia recorrida. No es posible señalar su primer instante de existencia. Es un continuo que procede del pasado y se desplaza hacia el futuro. Si la pules hasta el límite,

involucrándote en una práctica espiritual inteligente, puedes llegar a transformarla en una mente omnisciente. Si te dejas arrastrar por los instintos que perjudican a los demás y a ti mismo, seguirás vagando indefinidamente en el ciclo de las reencarnaciones o samsara.

3. *La mente se distingue del cuerpo porque ambos tienen causas sustanciales diferentes.* Esto significa que la mente no puede convertirse en materia y la materia no puede convertirse en mente. La mente y el cuerpo se influyen constantemente porque las une una relación muy estrecha. Pero no son lo mismo, tienen distinta naturaleza.

4. *La mente cambia a cada instante, y su naturaleza es la de reflejar y conocer objetos.*

5. *La mente es pura en esencia aunque, transitoriamente, está recubierta por emociones aflictivas.* Pero esta enfermedad congénita (las emociones aflictivas, a las que se aludía en la presentación) puede ser erradicada porque no es una condición innata de la mente; es decir, experimentamos emociones aflictivas debido a causas y condiciones específicas que pueden eliminarse aplicando las fuerzas oponentes apropiadas.

6. *El continuo mental no se desintegra,* a pesar de que el cuerpo deja de funcionar cuando morimos y se descompone pasado un tiempo. El desarrollo o sofisticación de la mente no es limitado como el del cuerpo. Si el cuerpo y la mente fuesen lo mismo, aquello que regenerase el cuerpo debería también mejorar la condición de la mente y viceversa. Comer mucho aumentará nuestra masa corporal, pero no nuestra capacidad mental. Una persona puede haber cultivado grandes áreas de conocimiento, pero la destreza de su intelecto no hará su cuerpo más ágil o más robusto.

Existe una íntima relación entre la calidad de la mente y la condición física, pero esto sólo indica una estrecha conexión, no que sean una misma entidad.

7. *La causa sustancial de la mente es su continuo previo.* Del

mismo modo que la causa sustancial del primer instante de nuestra mente al despertar cada mañana es el último instante de mente del estado del sueño del día anterior, el primer instante mental de esta vida fue el último instante mental de nuestra vida previa.

La causa sustancial biológica que produce el cuerpo son el semen y la sangre de nuestros padres, y las causas secundarias que hacen posible su crecimiento son factores como la respiración, el alimento y demás nutrientes. Las causas secundarias de la mente son todas aquellas cosas que la ayudan a perpetuar su continuidad. Por ejemplo, el poder sensorial visual hace posible que se genere la consciencia visual que observa un coche, y el coche en sí, hace posible la continuidad de la corriente mental. Para que se manifieste un instante de consciencia, ésta ha de relacionarse con un objeto: la percepción visual de un coche sólo se genera sobre la base de un coche como objeto visual, y del poder sensorial de la vista que lo percibe.

8. *La mente consta de tres niveles.*
El nivel burdo incluye las cinco consciencias sensoriales (vista, oído, olfato, gusto, tacto) y la consciencia mental, que abarca factores mentales como el odio, el apego, la atención, la inteligencia, el amor, la compasión y muchos otros. Este primer nivel es relativamente fácil de señalar, nos relacionamos con él constantemente en nuestra vida cotidiana.

El nivel sutil, que se despliega con la actividad mental que llevamos a cabo mientras dormimos y soñamos, es más difícil de identificar. Algunas personas recuerdan parte de sus sueños, pero no toda la actividad que generamos durante el descanso.

El nivel más sutil se manifiesta brevemente en diferentes ocasiones: cuando entramos en el sueño profundo; en un momento fugaz durante el orgasmo; al perder el conocimiento por un desmayo u otro motivo; y al final del proceso de la muerte. Es el nivel de mente más difícil de reconocer. No tiene principio ni fin. Es la manifestación de la mente que procede de la vida pasada y que, al final de ésta, entrará en la futura. Es la mente que se iluminará[1].

Resulta curioso que un famoso poeta francés denominase al orgasmo *pequeña muerte*, y que Homero, en el Canto XIV de la *Ilíada*, denominase al sueño *hermano de la muerte*.

Los términos *consciencia* y *conocedor* vienen de la expresión "ser consciente de…", y nos indican que cualquier fenómeno que existe puede ser objeto de conocimiento. La consciencia es también un "poseedor de objetos", es decir, para manifestarse ha de tomar consciencia de, o "poseer", un objeto de conocimiento. Una cognición, una mente cognitiva, es "una consciencia a la que se le aparece un objeto".

La definición clásica de mente es la siguiente: *aquello que carece de forma, es claridad, y tiene la capacidad de conocer.* "Carece de forma" indica que no es un fenómeno material; "claridad", en este contexto, alude a su capacidad de reflejar objetos, como un espejo. Y la "capacidad de conocer" se refiere a la función de la mente de percibir, conocer objetos.

Puesto que nuestros sentidos están localizados en la parte superior del cuerpo, tenemos la impresión de que la mente es el cerebro. Pero el cerebro sólo es una parte más del cuerpo. El cerebro es visible: en nuestros días se captan increíbles imágenes que revelan interesantes datos sobre su funcionamiento. Incluso se puede manipular con microchips monitorizados, llegándose a recuperar ciertas funciones vitales. Existen medicinas cada vez más avanzadas y espe-

---

[1] *Mente, consciencia, ser consciente, conocedor y percibidor* son algunos de los términos de que nos valemos en español para traducir lo que los tibetanos llaman *sem*. También es muy importante señalar, para una correcta comprensión del texto, que cuando se habla del **objeto** no se hace referencia exclusivamente a los objetos materiales, sino que incluye también a las personas y los fenómenos. Se refiere a los objetos de conocimiento en general.

cíficas que retrasan la degeneración cerebral, y son de gran ayuda en casos como la enfermedad de Parkinson o la de Alzhéimer. Pero el proceso mental, en cambio, es intangible, y no puede verse con los ojos, ni plasmarse en imágenes: la mente no es material.

La mente, como motor de toda nuestra actividad, puede dividirse en dos grandes categorías: mentes primarias y mentes secundarias o *factores mentales*.

La mente primaria (tib. *tso sem*) se define como "un conocedor que aprehende los aspectos generales de un objeto y guarda similitud con los factores mentales que lo acompañan" Las mentes primarias son las seis siguientes:

1. Consciencia visual.
2. Consciencia auditiva.
3. Consciencia olfativa.
4. Consciencia gustativa.
5. Consciencia corporal o del tacto.
6. Consciencia mental.

Las cinco primeras son consciencias sensoriales; la última, es mental. La mente primaria tiene la misión de percibir los aspectos generales del objeto. Un ejemplo de mente primaria sería la percepción de un paisaje, la audición de una pieza musical, oler un aroma o acariciar la suavidad de la seda.

La definición de factor mental (tib. *sem jung*) es "un conocedor que aprehende una cualidad particular de su objeto y que acompaña a una mente primaria con la que tiene ciertas similitudes".

La función de los factores mentales consiste en relacionarse con las características específicas del objeto. Si la consciencia visual percibe un paisaje, los factores mentales asociados nos permiten apreciarlo, distinguir un aspecto concreto de este paisaje, determinar si nos gusta o nos resulta desagradable, y otros aspectos parecidos.

Del mismo modo que la mano es una parte del cuerpo, pero nadie afirmaría que la mano es el cuerpo, cada factor mental forma parte de una mente primaria, pero no es la mente primaria en sí.

La mente primaria es consciente de la presencia general del objeto. Los factores mentales son responsables de seleccionar y procesar dicha información. Una mente primaria podría compararse al jefe de sección de una empresa, y los factores mentales serían sus subordinados. Cada uno se ocupa de una tarea particular, pero el jefe es conocedor de lo que hace su equipo. La mente primaria y sus factores mentales funcionan al unísono.

Una mente primaria desprovista de factores mentales no puede conocer un objeto, y viceversa. Del mismo modo que un coche no anda sin sus cuatro ruedas, la mente no podría funcionar sin los factores mentales; de la misma manera que si disolvemos sal o azúcar en un vaso de agua ésta tendrá un sabor dulce o salado, los factores mentales afectan a la calidad de la mente primaria. Por ejemplo, si se activa el factor mental de la avaricia, la mente primaria adopta una actitud negativa, pero un sentimiento altruista activará una mente primaria positiva.

Las consciencias sensoriales son exclusivamente perceptivas, mientras que la consciencia mental puede ser perceptiva o conceptual. Cuando vemos una película estamos teniendo un instante de percepción tras otro, pero que la podamos comparar con la película que vimos la semana pasada, fijar su contenido, determinar si nos divierte o nos aburre, etc., correrá a cargo de factores conceptuales como *el discernimiento, el aprecio, la inteligencia, la concentración y algunos otros.*

Todas las mentes primarias van, indefectiblemente, acompañadas de los cinco factores omnipresentes que analizaremos a continuación, aunque pueden sumárseles otros. La *intención*, por ejemplo, es la que dirige la mente hacia el objeto; la *implicación atenta* se mantiene en él; el *discernimiento* clasifica, discierne el objeto, y permite recordarlo más tarde; el *contacto* conoce su calidad: agradable, desagradable o neutra; la *sensación* es la mera experiencia de bueno, malo o indiferente.

La que sigue es una presentación clásica de los cincuenta y un factores mentales, agrupados en seis categorías:

1. Los *cinco factores mentales omnipresentes*. Son moral o éticamente variables.
2. Los *cinco factores mentales que determinan el objeto*. Son moral o éticamente variables.
3. Las *seis emociones aflictivas raíz*. Son negativas y responsables de nuestro dolor pasado, presente y futuro.
4. Las *veinte emociones aflictivas secundarias*. Son negativas y responsables de nuestro dolor pasado, presente y futuro.
5. Los *factores mentales variables*. Son considerados neutros.
6. Los *once factores mentales virtuosos* son positivos y responsables de nuestro desarrollo espiritual.

Aunque a lo largo del día experimentamos todos estos factores mentales, es necesario identificarlos con precisión para saber cuáles abandonar y cuáles potenciar. La esencia de la práctica del Dharma consiste en esforzarnos al máximo por desprendernos de factores mentales negativos y promover todo lo posible los positivos. En este sentido, el estudio de este libro no es sólo la exposición de una teoría filosófica, sino una instrucción útil y productiva para incorporar a nuestra práctica cotidiana.

No obstante, es importante tener claro que una experiencia espiritual no se consigue desarrollando las consciencias sensoriales. El estudio intelectual es la plataforma para tener acceso a la experiencia, pero al conocimiento debe sumársele un buen corazón. Que una práctica espiritual sea auténtica y eficaz depende enteramente de nuestra actitud interior.

Para llegar a la Iluminación es necesario comprender cómo funciona nuestra mente, es preciso estar familiarizado con la definición, la función y la división de cada uno de los factores mentales y tipos de mente. Esta forma de estudio es común a todas las tradiciones budistas, pero debe ir siempre unida al deseo sincero de evolucionar espiritualmente para poder ayudar a los demás.

Existen cinco similitudes entre los factores mentales y la mente primaria:

1. La similitud de la base.
2. La similitud del aspecto.
3. La similitud del objeto.
4. La similitud de la sustancia.
5. La similitud del tiempo.

La similitud de la base se refiere a que la mente primaria y los factores mentales que la componen tienen la misma condición dominante. Por ejemplo, la consciencia visual que percibe un vaso verde y los factores mentales que la acompañan surgen en dependencia del poder sensorial visual.

La similitud del aspecto significa que la consciencia visual y los factores mentales que la acompañan se implican con el mismo objeto: el vaso verde.

La similitud del objeto se refiere a que el objeto de observación es el mismo: el vaso verde.

La similitud de la sustancia se refiere a que una mente primaria solo tiene uno de cada factor mental. Los factores mentales que acompañan a la mente son de la misma sustancia, pero esto no quiere decir que sean lo mismo.

La similitud del tiempo significa que —en relación a su objeto— surgen, permanecen y cesan simultáneamente.

Los Cinco Factores Mentales Omnipresentes

Los cinco factores mentales que siguen se denominan "omnipresentes" porque están activos en cada instante de consciencia. Si faltara cualquiera de ellos, la mente primaria sería incapaz de relacionarse con la realidad. Y si piensas en ello podrás constatarlo. Son los siguientes

1. Sensación (tib. *sorwa*).
2. Discernimiento (tib. *dushe*).
3. Contacto (tib. *repa*).
4. Intención (tib. *sempa*).
5. Implicación atenta (tib. *yila djepa*).

La intención es el factor mental que hace que la mente se mueva hacia un objeto. El discernimiento distingue un objeto de otro, ayuda a identificarlo y actúa como base para la memoria. El contacto percibe un objeto agradable, desagradable o neutro y da paso a la sensación, que lo experimenta. La sensación es la vivencia misma de una realidad que puede ser agradable, desagradable o neutra. La implicación atenta es el factor que se enfoca sobre una particularidad del objeto.

Al comer un helado se activa la mente primaria que lo experimenta, la consciencia gustativa. Sin intención, la consciencia gustativa no se habría implicado con el helado. Sin implicación atenta, no podríamos enfocarnos en el sabor. Sin contacto, no definiríamos agradable, desagradable o neutro, no habría base para tener una sensación. Sin sensación, la consciencia gustativa no experimentaría ese sabor como algo agradable, desagradable o neutro. Sin el discernimiento no distinguirías entre el sabor de un helado y el de una manzana, no lo podrías reconocer. Estos cinco factores acompañan a cada una de las consciencias sensoriales.

Cada factor mental presenta tres secciones: definición, función y divisiones.

La definición ayuda a identificarlo. La función explica las consecuencias de que se haya activado. Sus divisiones nos permiten profundizar en su conocimiento.

LA INTENCIÓN

La definición de intención es "un factor mental que dirige a la mente primaria hacia el objeto". Este factor actúa como un imán que arrastra a la mente primaria y a los factores mentales hacia el objeto. Su función principal es crear karma –que puede ser positivo, negativo o neutro– a través del cuerpo, la palabra o la mente. La intención crea el karma verbal y el físico. Los actos cometidos con el cuerpo, la palabra y la mente pueden ser positivos, negativos o neutros. Si la intención se mueve hacia un objeto virtuoso se crea karma positivo; si el objeto es negativo, ocurre al revés.

En un solo día creamos incontables karmas. No podemos evitar crear karma, pero sí podemos impedir que las emociones aflictivas afecten nuestras intenciones. Una vez eliminadas las emociones aflictivas seguiremos creando karma, pero ya no será samsárico, es decir, ya no será ese productor de conflictos que es ahora.

Las escrituras hablan de tres actos negativos del cuerpo, cuatro de la palabra y tres de la mente.

El karma positivo produce renacer en los reinos o estados superiores; el karma negativo, en los reinos inferiores; y el karma inamovible, en los reinos de la forma y de la no forma.

El karma ofrece otros dos aspectos: karma *que impulsa* un resultado y karma *que completa* un resultado. Renacer como humano sería un ejemplo de karma que impulsa un resultado positivo. Pero si el karma que completa es negativo, este ser humano nacerá en un medio ambiente difícil. Un karma que impulsa un resultado negativo puede provocar un renacimiento en el reino animal, pero si el karma que completa es positivo, este animal vivirá rodeado de amor y comodidades. Si el karma que impulsa y el que completa son positivos, el efecto puede ser renacer como un humano en un entorno favorable. Si ambos son negativos, el ser puede renacer como un animal maltratado o como un espíritu hambriento.

Tenemos otras categorías de karma: karma definitivo, karma incierto, karma que se experimentará en esta vida y karma que se experimentará en vidas futuras —quizá muy lejanas[2]—. Desde el punto de vista de su base, la intención puede ser de seis tipos:

1. Intención derivada del contacto asociado con la consciencia visual.
2. Intención derivada del contacto asociado con la consciencia auditiva.
3. Intención derivada del contacto asociado con la consciencia olfativa.
4. Intención derivada del contacto asociado con la consciencia gustativa.
5. Intención derivada del contacto asociado con la consciencia del tacto.
6. Intención derivada del contacto asociado con la consciencia mental.

---

[2] En una de sus enseñanzas, mi Maestro Gueshe Tamding Gyatso comentó que sostener que el universo y los seres son obra de un Creador es una respuesta habitual cuando se desconoce su origen verdadero. Añadió que dicha creencia conduce a contradicciones lógicas. Según el budismo, todas las experiencias son creadas por el propio karma, ya que cada individuo crea su realidad presente y futura mediante lo que piensa, dice y hace.

EL DISCERNIMIENTO

El discernimiento se define como "un factor mental que aprehende el signo específico de un objeto en relación con otro". La función del discernimiento es identificar, discernir, imputar o nominar objetos para poder recordarlos.

Este factor mental se encarga de aprehender los signos característicos o propios del objeto: gracias al discernimiento, al observar un vaso sabemos que es un vaso, y no un plato. El discernimiento se puede dividir en seis:

1. Discernimiento asociado con la consciencia visual.
2. Discernimiento asociado con la consciencia auditiva.
3. Discernimiento asociado con la consciencia gustativa.
4. Discernimiento asociado con la consciencia olfativa.
5. Discernimiento asociado con la consciencia del tacto.
6. Discernimiento asociado con la consciencia mental.

Las consciencias sensoriales se limitan a percibir lo que aparece ante ellas, y el discernimiento tiene la función de conocer cada objeto por lo que es. Los objetos tienen características particulares que los distinguen, permitiéndonos reconocerlos. Cuando observamos un coche, la consciencia visual entiende que es un coche porque el discernimiento identifica los signos específicos que lo caracterizan. Un niño de corta edad ignora dichas características definitorias y, aun viendo un coche, no sabe lo que es. Discernir algo o alguien como agradable, desagradable o neutro no viene del objeto, sino de la mente. Es importante remarcar este punto: las emociones aflictivas derivadas de nuestro discernimiento proceden de la mente. Si el discernimiento clasifica un objeto como agradable, surge apego; si lo discierne como desagradable, se manifiesta la aversión; y si es neutro, aparece la ignorancia. Constantemente vemos a personas diferentes juzgar de manera diferente el mismo objeto.

Cualquier presidente de cualquier país es admirado por

unos y odiado por otros. Si las características definitorias existieran *solo* en el presidente, estas dos maneras de percibir serían contradictorias; pero puesto que las características son imputadas por mentes diferentes, no existe contradicción alguna. El Presidente no posee la característica *intrínseca* de ser agradable o desagradable, sino que en función de las diferentes circunstancias de quienes lo juzguen adquirirá para ellos está cualidad, será bueno o malo dependiendo de la persona que lo valore.

Sin embargo, se puede hablar de discernimiento equivocado y de discernimiento acertado. Una consciencia errónea que provoca un acto negativo tiene como base un discernimiento equivocado. Cuando actuamos tratando de perjudicar a alguien, una emoción aflictiva basada en un discernimiento equivocado ha tomado el mando. La aversión surge porque hemos discernido algo o a alguien como *intrínsecamente* desagradable. El apego aparece por lo contrario. En ambos casos se trata de un discernimiento equivocado porque "agradable" o "desagradable" dependen de la mente que observa, no del objeto observado en sí.

El mecanismo que impulsa cada uno de nuestros actos es el karma: creamos actos y experimentamos sus resultados. Esta actividad incesante depende totalmente de la sensación y el discernimiento. Si una persona careciera de discernimiento sería incapaz de llevar a cabo por sí misma ninguna actividad racional. La sensación es muy importante porque produce los tres engaños raíz que perpetúan la rueda del samsara. Para alumbrar y dar mayor consistencia a este hecho, ambos factores mentales se exponen por separado en la clasificación que describe los cinco agregados que constituyen a una persona.

EL CONTACTO

El contacto se define como "un factor mental que, cuando se unen el objeto, el poder sensorial y la consciencia primaria, actúa como base para una percepción agradable, desagradable o neutra". La función principal del contacto es actuar como base para experimentar las tres sensaciones. Cada vez que una consciencia sensorial se encuentra con un objeto se activa una de las tres sensaciones. En primer lugar se produce el contacto, e inmediatamente surge la sensación.

El contacto puede ser de seis tipos:

1. El contacto asociado a la consciencia visual.
2. El contacto asociado a la consciencia auditiva.
3. El contacto asociado a la consciencia olfativa.
4. El contacto asociado a la consciencia gustativa.
5. El contacto asociado a la consciencia del tacto.
6. El contacto asociado a la consciencia mental.

LA SENSACIÓN

La sensación se define como "un factor mental que te permite experimentar los objetos en calidad de agradables, desagradables o neutros". La sensación es la mera experiencia, es el efecto que madura de una acción creada previamente.

La sensación, física o mental, es la experiencia de placer, dolor o indiferencia. Las sensaciones físicas son todas aquellas que van asociadas a las cinco consciencias sensoriales.

El resultado de todos nuestros actos pasados se expresa a través de las sensaciones por las que pasamos un instante tras otro. Nuestra condición innata como seres humanos es vivir bajo el yugo del aferramiento a lo intrínseco, a una esencia sustancial[3]; por este motivo, es imposible que se

---

[3] *El aferramiento a lo intrínseco* es un tipo de ignorancia que confunde la realidad. También se podría denominar como aferramiento a la esencia sustancial. Se enfoca tanto en nosotros mismos como en lo que nos rodea y nos lleva al error de creer que todo existe de modo inherente, a pesar de que todas las cosas dependen de causas, condiciones y el nombre que nuestra consciencia proyecta.

manifieste la sabiduría a través de las sensaciones de manera espontánea. Por el contrario, lo que surge es algún tipo de emoción aflictiva.

Cuando entramos en contacto con el objeto no podemos evitar una sensación concreta, bien sea agradable, desagradable o neutra. Pero sí podemos esforzarnos en evitar que esta sensación nos arrastre hacia alguna de las tres emociones aflictivas, apego, aversión e ignorancia. Esto no resulta fácil porque vivimos convencidos de que lo agradable o desagradable son características propias del objeto, cuando proceden principalmente de nuestro karma.

Es, precisamente, por este motivo por lo que un mismo objeto puede producir reacciones diferentes en distintas personas. Cuando un devoto budista entra en una sala de meditación –*gompa* en tibetano– se siente cómodo y a gusto, ¿por qué? Porque su sensación ante el objeto es agradable. A través de esta sensación madura su karma creado en el pasado por haber entrado en contacto con un Maestro, haber escuchado sus enseñanzas y haber meditado. Esta actividad pasada le condiciona de tal modo que al entrar en una gompa se siente feliz. Para alguien que desconoce el budismo, que no ha creado ningún tipo de conexión o karma previo en relación a la práctica, entrar en la misma sala de meditación puede despertarle un sentimiento de indiferencia, o incluso de desagrado.

El único modo de evitar que afloren las emociones aflictivas como respuesta a cada sensación es poner en práctica los consejos del Lam Rim que encontramos en libros como *Senda de Luz*, *Rayos de Sol* y otros.

La sensación actúa como fertilizante estimulando el brotar de la semilla. Para evitar la eclosión de las numerosas emociones aflictivas almacenadas en la recámara de nuestra mente, es preciso estar muy atento a todas nuestras sensaciones. Ejercer una atenta vigilancia nos evita caer en el apego, el odio o la ignorancia. La sensación puede clasificarse en seis:

1. La sensación asociada a la consciencia visual (formas y colores).
2. La sensación asociada a la consciencia auditiva (sonidos).
3. La sensación asociada a la consciencia gustativa (sabores).
4. La sensación asociada a la consciencia olfativa (olores).
5. La sensación asociada a la consciencia del tacto (cualquier objeto táctil).
6. La sensación asociada a la consciencia mental (pensamientos agradables, desagradables o neutros).

Cuando la consciencia visual entra en contacto con su objeto se produce una sensación agradable, desagradable, o neutra. Puesto que esto también se aplica al resto de consciencias, tenemos un total de dieciocho sensaciones.

La sensación también se puede clasificar en seis sensaciones contaminadas y seis sensaciones no contaminadas. Las sensaciones contaminadas son las que experimentamos los seres ordinarios, son todas las que están conectadas con la *mente ignorante*. Se denominan "contaminadas" porque reiteran la tendencia a perpetuar las emociones aflictivas y, a su vez, proceden de ellas como fruto del karma que madura. En cambio, las sensaciones vinculadas con la *mente de sabiduría* que comprende la vacuidad son no contaminadas porque esta sabiduría actúa como oponente directo a la ignorancia. Este tipo de sensaciones solo las experimentan los Aryas, los Arhats y los Budas.

LA IMPLICACIÓN ATENTA

La implicación atenta se define como "un factor mental que enfoca la mente primaria y sus factores mentales sobre el objeto". Su función es fijar la mente sobre el objeto para impedir que se aparte de él, y actuar como base para desarrollar atención y concentración.

La intención dirige la mente hacia el objeto; la implicación atenta se enfoca en un atributo particular de dicho objeto.

Una implicación atenta correcta es la que se produce en relación a objetos válidos o existentes, como un coche, una casa o un paisaje. Una implicación atenta incorrecta es la que generamos a partir de objetos inexistentes, como por ejemplo creer que los fenómenos son estáticos y capaces de proporcionarnos placer o desagrado desde su propio lado, por sí mismos.

Según algunos textos, la mente primaria se enfoca sobre la apariencia general del objeto a través de la intención, y sobre sus atributos particulares a través de la implicación atenta.

Puesto que la implicación atenta se dirige a un objeto particular de modo estable, constituye la base para desarrollar atención y concentración. La intención dirige la mente hacia la estantería de tu biblioteca; la implicación atenta hace que te fijes en uno de los libros para seleccionarlo.

Si estudias y analizas estas instrucciones, te darás cuenta de que no transcurre ni un solo instante de tu vida en que no estén presentes los cinco factores. Si deseas convertirte en un yogui de verdad, has de procurar que tus intenciones sean siempre positivas. Cuando comprendes la naturaleza y la mecánica de la sensación puedes utilizarla para evitar reaccionar impulsado por alguna emoción aflictiva. Nuestro cometido como practicantes espirituales es procurar que el discernimiento sea correcto y que la implicación atenta se fije en objetos apropiados.

Los cinco factores mentales que determinan el objeto

Los cinco factores mentales que determinan el objeto te permiten implicarte más activamente con un objeto particular. Son los cinco siguientes:

1. La aspiración (tib. *dunpa*).
2. El aprecio (tib. *mopa*).
3. La atención(tib. *drenpa*).
4. La concentración (tib. *tinge zin*).
5. La inteligencia/sabiduría (tib. *sherab*).

La aspiración es el deseo de relacionarte con un objeto y no separarte del mismo. Te permite establecer lo que es deseable en un objeto e interesarte por él.

El aprecio refuerza tu interés por aquello a lo que aspiras.

La atención mantiene el objeto en la mente; si se debilitara este factor, carecerías de memoria.

La inteligencia y la concentración refuerzan los tres factores previos.

Cuando la mente se implica en una actividad, sea positiva o negativa, los cinco factores están dinámicos proporcionando dirección, coherencia y sentido a nuestro comportamiento y manera de pensar. Son factores éticamente variables porque serán positivos, negativos o neutros en función de los objetos con los que se impliquen. Faraday los utilizó para proporcionarle a la humanidad algo tan valioso como la electricidad. Buda se sirvió de ellos para llegar a la Iluminación. Pero los mismos factores mentales son utilizados por un criminal para llevar a cabo sus planes.

Tanto los cinco factores que determinan el objeto como los cinco factores omnipresentes –explicados en el capítulo anterior– interactúan. Por ejemplo: la intención de sentarse a meditar está vinculada con la aspiración de transformar la mente a través del Dharma. Apreciarás de corazón el Dharma cuando hayas comprendido sus beneficios, te sentirás inclinado a estudiarlo y tendrás la aspiración de practicarlo. La aspiración es un poco más sofisticada que la intención y la unión de ambas da lugar a la motivación.

LA ASPIRACIÓN

La aspiración se define como "un factor mental que se enfoca en un objeto deseado y crea un fuerte interés por él". Su función es actuar como base para generar esfuerzo, y este, a su vez, es el oponente directo de la pereza.

Este factor mental surge en cualquier actividad cotidiana, pero respecto al Dharma el proceso es el siguiente: la fe o confianza produce la aspiración; ésta invita al esfuerzo, que a su vez elimina cualquier bloqueo corporal o mental que te impida implicarte en actividades positivas. La aspiración elimina la pereza. Cuanto más fuerte sea la aspiración, más decidido será el esfuerzo.

Este factor mental también se puede entender como la voluntad de obtener algo. Hay varios tipos de aspiración:

1. La aspiración de encontrarte con un objeto que has experimentado en el pasado
2. La aspiración de no separarte de un objeto que experimentas en el presente
3. La aspiración de encontrarte con el objeto en el futuro.

La aspiración puede ser negativa o positiva. Vivir exclusivamente pendiente de las cosas de esta vida es una aspiración espiritual inadecuada. Para que sea correcta debe ir acompañada de la aspiración de ser feliz también en las vidas futuras, de liberarse del samsara o de obtener la Budeidad.

EL APRECIO

El aprecio se define como "un factor mental que hace que la mente primaria aprehenda con interés su objeto y no permite que se distraiga". Su función es valorar el objeto y no relegarlo. Actúa como base para la atención y la concentración.

Un hombre de negocios *aspira* a hacer mucho dinero, *aprecia* esta actividad y, en consecuencia, vive y piensa de una manera particular; un practicante de Dharma *aspira* a llegar a la Iluminación, *aprecia* la importancia de conseguirlo y, por ello, piensa y vive movido por su objetivo.

El aprecio sucede a la aspiración, y solo se genera hacia un objeto con el que ya nos hemos relacionado en el pasado. Muchos sutras señalan que la aspiración y el aprecio son la raíz de todas las buenas cualidades. Por ejemplo, solo puedes apreciar el programa informático Word cuando conoces sus cualidades, pero previamente has debido despertar el deseo —la aspiración— de conocerlo. Si después alguien te aconseja comprarte una máquina de escribir no le harás mucho caso, porque tu aprecio por el Word está fuera de toda duda.

Cuanto más aprecias un objeto de conocimiento más fácil resulta tenerlo presente. Por ejemplo, después de escuchar las apasionantes enseñanzas sobre el vacío despertarás la aspiración de experimentar por ti mismo la vacuidad y puesto que entiendes las valiosas implicaciones de esta experiencia, mantendrás esta profunda enseñanza en la mente.

El aprecio puede ser de dos tipos: aprecio correcto y aprecio incorrecto. El aprecio correcto te dirige a las actividades virtuosas; el aprecio incorrecto te inclina hacia cualquier acto negativo.

LA ATENCIÓN

La atención se define como "un factor mental que impide que la mente se aparte de un objeto con el que previamente se ha familiarizado". Tiene tres características básicas:

1. Se enfoca sobre un objeto ya conocido.
2. No lo olvida.
3. En caso de olvidarlo, lo devuelve a la mente.

La función de la atención es permitirte recordar y, puesto que también te advierte de la distracción, está estrechamente vinculada a la memoria. Pero no sirve únicamente para evocar sucesos y conversaciones del pasado, o para recordar donde guardamos el anillo que nos dejó la abuela, sino que es una aptitud gracias a la cual retenemos cualquier forma de práctica o instrucción relativa al adiestramiento espiritual. Es primordial para que madure el factor mental de la rectitud, que forma parte de los "once factores mentales virtuosos".

La atención es como un rey, y la vigilancia como un ministro: cuando uno se debilita, el otro lo fortalece. La atención se mantiene sobre el objeto, y la vigilancia observa el estado de la mente. La atención es como un guardián del tesoro que protege las cualidades de la mente, y proporciona felicidad duradera porque permite retener todos los secretos del Dharma.

La atención es vital para desarrollar concentración y obtener experiencias espirituales, y junto a la vigilancia es imprescindible para llegar a la Iluminación. Shantideva dedica a estos dos factores mentales un capítulo entero en su *Guía sobre la forma de vida del Bodhisatva*. Sin atención y vigilancia, las emociones aflictivas y las tendencias negativas pueden llegar a crear muchos obstáculos. La atención te recuerda lo que no es correcto y te previene de errar en tus pasos. La vigilancia informa a la mente si te apartas de tu cometido.

Si un objeto no se olvida y está presente en nuestras vidas es porque la mente primaria goza de atención. La atención es importante tanto en la vida cotidiana como en la espiritual; si te olvidas las llaves del coche el día que tienes una cita importante para conseguir ese trabajo que has esperado durante años, no lo conseguirás. La atención también influye en nuestra capacidad para recordar. Es importante cuando queremos mantener una vida ética. Si adquirimos ciertos compromisos pero los olvidamos, ¿cómo podrán influir en nuestro proceder?

De momento sólo puedes hacer uso del nivel burdo de atención, pero con el tiempo también dominarás los niveles más sutiles, y entonces serás capaz de meditar incluso durmiendo.

Existen dos tipos de atención: positiva y negativa. La primera es la que se activa al escuchar, contemplar y meditar en objetos virtuosos; la segunda es la que se implica con objetos no virtuosos.

CONCENTRACIÓN

La definición de concentración es "un factor mental que enfoca la mente primaria sobre su objeto de manera unipuntualizada". Su función es apaciguar la mente. Actúa como base para generar agudeza y sabiduría, pero también sirve para conseguir objetivos mundanos y supramundanos.

La concentración absoluta también se denomina "permanencia apacible" (en tibetano *shi-ne*), y depende exclusivamente de la consciencia mental que la utiliza para atravesar las —así llamadas— nueve etapas. La concentración hace posible que la experiencia espiritual conceptual se transforme en *no conceptual*. En la actualidad nuestra mente es inestable porque no controla las distracciones. El tiempo que puede permanecer sobre un objeto va desde un breve instante hasta un largo período.

Este factor mental es muy importante porque para erradicar las emociones aflictivas es necesario cultivar la permanencia apacible, vinculada a la concentración y a la visión superior o sabiduría. Aunque los objetos que sirven para desarrollar la concentración son ilimitados, se pueden dividir en cuatro grupos:

1. Objetos para abandonar una emoción aflictiva en particular.
2. Objetos para abandonar las emociones aflictivas en su conjunto.
3. Objetos que impregnan todo fenómeno.
4. Objetos para eruditos.

Los objetos para abandonar una emoción aflictiva en particular son todos los que actúan como antídotos directos. Por ejemplo, si tienes tendencia al apego, te conviene concentrarte en la muerte y en la transitoriedad de la vida; si un fuerte odio hacia alguien altera tu paz, piensa en el amor; si tu mente va de un lado a otro completamente dispersa, concéntrate en la respiración.

Los objetos para abandonar las emociones aflictivas en su conjunto son las meditaciones relativas a la vacuidad.

Los objetos que impregnan todo fenómeno son las dos verdades.

Los objetos para eruditos son todas aquellas meditaciones que mejoran nuestra sabiduría y concentración: los cinco agregados, los dieciocho elementos, los doce vínculos y las dos verdades[4].

La concentración completa, o permanencia apacible, se obtiene una vez atravesadas las nueve etapas siguientes (sobre las cuales se ofrece una explicación detallada en los libros *Senda de Luz* y *Rayos de Sol*):

---

[4] Ver Ecos del Silencio Infinito.

1. *Emplazar la mente.*
2. *Emplazamiento continuado.*
3. *Volver a emplazar.*
4. *Emplazamiento cercano.*
5. *Controlar.*
6. *Pacificar.*
7. *Pacificación completa.*
8. *Emplazamiento en un punto.*
9. *Emplazamiento en equilibrio.*

Todos los tipos de concentración expuestos en los textos de *Lam Rim* son virtuosos, pero existen también concentraciones neutras e, incluso, negativas, como recitar mantras maléficos con el objetivo de dañar a los demás. Utilizamos la concentración neutra para cosas mundanas –como conducir, cocinar o coser–, aunque lo cierto es que sin un cierto grado de concentración no seríamos capaces de preparar siquiera una taza de té.

Una buena concentración precisa estos cuatro ingredientes:

1. *Lucidez.* Es cuando la mente está libre de distracciones, limpia como un cielo sin nubes.
2. *Claridad.* Se produce cuando el objeto en el que meditamos aparece de manera nítida.
3. *Intensidad.* Aparece cuando sostenemos el objeto con firmeza.
4. *Estabilidad.* Ocurre cuando permanecemos completamente absortos en el objeto.

INTELIGENCIA

La definición de inteligencia es "un factor mental que percibe a través del análisis las faltas y cualidades de un objeto". Su función es eliminar la duda y la confusión.

La inteligencia analiza el objeto, que puede ser virtuoso, negativo o neutro. El factor mental de la inteligencia también puede ser de naturaleza positiva o negativa. La inteligencia negativa puede ser devastadora: ha ayudado al hombre a crear armas mortíferas y formas terriblemente sofisticadas de tortura. Sin embargo, cuando la inteligencia se aplica a la espiritualidad se transforma en sabiduría.

Juega un papel vital a la hora de comprender la naturaleza última de los fenómenos. Por ejemplo, en el estudio de las Cuatro Nobles Verdades la aplicamos para comprender todos sus matices: los obvios, los sutiles y los más sutiles. Investigamos, razonamos y examinamos a fondo las afirmaciones del Buda respecto a esta enseñanza. La inteligencia nos permite tener una noción conceptual clara de lo aprendido, de modo que la comprensión del tema da paso al *aprecio* del mismo y a la *aspiración* de estudiarlo en profundidad. Aplicar *atención* y *concentración* a los temas esenciales de las Cuatro Nobles Verdades es el método para llegar a una experiencia conceptual válida, siempre basada en la razón. Enfatizando la concentración meditativa de esta experiencia conceptual, llegamos a la experiencia directa.

Las seis emociones aflictivas raíz

La maldad se define como "un fenómeno cuya función es la de producir dolor". La virtud y la maldad se distinguen principalmente por su resultado; en consecuencia, todas nuestras experiencias de placer son resultado de actos virtuosos creados previamente, y si experimentamos dolor es a consecuencia de nuestra maldad pasada.

La raíz del árbol hace posible que crezcan sus ramas. Las emociones aflictivas raíz hacen crecer las veinte emociones aflictivas secundarias. Agitan la mente y crean sufrimiento, por ello se denominan aflicciones. Las seis emociones aflictivas raíz son:

1. Apego *(tib: dosha)*.
2. Aversión (tib: *kongtro)*.
3. Orgullo *(tib: na gyel)*.
4. Ignorancia (tib: *marikpa)*.
5. Visión engañosa aflictiva (tib: *ta wa nyo mong)*.
6. Duda (tib: *the tsom)*.

La definición de emoción aflictiva es "un factor mental cuya función es alterar la mente y robarle la paz". Sin la influencia de las emociones aflictivas, viviríamos en permanente armonía. La única manera de obtener la verdadera calma interna es alcanzar el estado de Liberación. Puesto que las emociones aflictivas destruyen nuestra paz, debemos enfrentarnos a ellas como si fueran enemigos, cuyo único empeño es atormentarnos, tal y como dice Shantideva en su *Guía a la Forma de Vida del Bodhisatva*:

Mis enemigos, el odio y el apego, no tienen pies ni manos, no son valientes y tampoco son sabios.

Entonces, ¿por qué me he resignado a ser su esclavo?
Habitan en mi mente ocasionando dolor a su antojo y los tolero sin demostrar ninguna hostilidad; es vergonzoso aguantar con paciencia semejante situación.

El Adorno de los Sutras del Mahayana se refiere con estas palabras a las emociones aflictivas:

Las aflicciones mentales te destruyen, destruyen a todos los seres y anulan tu moralidad.
Provocan rechazo, pérdidas materiales, ausencia de protección y reproches de tu Maestro.
Te verás envuelto en conflictos y perderás tu honra.
Caerás en estados desafortunados.
Se malogrará lo que tienes y lo que no tienes aún.
Experimentarás grandes sufrimientos mentales.

En el siglo dieciocho, el tutor del octavo Dalai Lama, Tsechok Ling Yongdzin Yeshe Gyaltsen, compuso un texto llamado *Un Collar para los que gozan de claridad mental: Una Elucidación de la Mente y los Factores Mentales*. En él dice:

En consecuencia, el objetivo principal de toda la actividad virtuosa es que observes tu mente en todo momento —tanto durante la meditación formal como en la vida cotidiana— y apliques un antídoto en cuanto detectes la presencia de una emoción aflictiva.

En cuanto a los estados mentales virtuosos, deberías aplicar los métodos apropiados para favorecerlos y recordar a qué clase de actividad virtuosa pertenece cada uno, empezando por "Cómo servir al Maestro espiritual". Después, con la ayuda de la atención y la vigilancia, debes aplicarte una y otra vez para generar aquellos estados mentales virtuosos que no has generado antes, y entregarte con mayor plenitud a aquellos previamente cultivados.

Hay dos tipos de poderes oponentes con los que podemos combatir las emociones aflictivas: el oponente temporal y el oponente último. El primero proporciona una paz interna que, aún siendo transitoria, nos permite desarrollar concentración y sabiduría. La sabiduría que comprende la vacuidad es el oponente que las erradica definitivamente.

Antes de aplicar los oponentes temporales es preciso conocer cuáles son las seis causas que dan origen a las emociones aflictivas:

La semilla. Es la potencialidad para repetir los mismos patrones de conducta; ha sido creada por emociones aflictivas del pasado, y es una de las causas principales para que éstas vuelvan a surgir. Mientras la semilla permanezca en nuestro interior, ocurrirá que cada vez que entremos en contacto con un objeto que actúe como detonante -humedad y abono- brotará alguna emoción aflictiva, cual semilla germinada.

Aunque disfrutemos de un estado mental relajado, existe la potencialidad para que aparezcan la aversión o el apego en nuestro interior: bastará con que se presenten las causas circunstanciales apropiadas. La sabiduría que comprende el vacío elimina esta semilla, destruye la potencialidad. En la tradición budista se conoce al que ha eliminado sus emociones aflictivas, y quemado todas sus semillas como Destructor de Enemigos, o Arhat.

El objeto. Puede ser animado o inanimado, o incluso un simple recuerdo. Cuando aparece un objeto atractivo generamos apego y, si es desagradable, la aversión. Dejar de relacionarnos con los objetos no resulta fácil, por ello es aconsejable vigilar nuestro estado mental en todo momento.

Amigos inapropiados. Cuando nos adentramos en la práctica espiritual, las ideas de amigos que carecen de ese mismo interés pueden influenciarnos negativamente y mermar nuestro esfuerzo. Mantener un contacto frecuente con los amigos espirituales es muy recomendable.

Malos hábitos. Hablar en vano, disfrutar con charlas frívolas, eternizar discusiones políticas o futbolísticas, así como vivir demasiado pendientes de las interminables noticias que se generan en todo el mundo, nos hace perder mucho de nuestro precioso tiempo.

Familiaridad. Las emociones aflictivas afloran con relativa facilidad porque, 1) tenemos el potencial para despertarlas; 2) entramos en contacto con el objeto, y 3) estamos muy familiarizados con ellas. Para cortar con esta tendencia tan arraigada hemos de aplicar la rectitud y la atención con el propósito de dirigir la mente hacia estados positivos. Cuanto mayor sea la familiaridad con las actitudes virtuosas, menor protagonismo tendrán las mentes negativas.

La atención inapropiada. Es un factor mental que se enfoca en las cualidades del objeto con el que nos relacionamos y las exagera. Es el sustrato de toda emoción aflictiva. Provoca apego, aversión o cualquier otro engaño. Si al entrar en contacto con objetos capaces de provocar apego o aversión no estuviera presente la atención inapropiada, la emoción aflictiva particular no podría aparecer ¿Por qué surge la atención inapropiada? A causa de la ignorancia que se aferra a la existencia intrínseca. Esta ignorancia cree que lo "atractivo" o "repulsivo" que vemos en el objeto existe solamente en el objeto, sin la participación de nuestra propia proyección mental. A partir de ahí, exageramos su lado hermoso o desagradable.

El lama kadampa Gonwaba describe en términos prácticos lo que es preciso saber acerca de las emociones aflictivas:

Para abandonar las aflicciones mentales debes conocer sus desventajas, así como su origen. A partir de entonces las emociones aflictivas deben ser tu enemigo. Si no conoces sus desventajas, no querrás apartarte de ellas.

Para aprender las características esenciales de las aflicciones mentales, debes escuchar enseñanzas sobre el Abhidharma.

O como mínimo recibir instrucciones sobre el *Sumario de los Cinco Agregados*. Una vez hayas aprendido a reconocer las emociones aflictivas raíz y secundarias, identificando cualquiera de ellas en tu mente, debes presentarles batalla hasta acabar con todas.

EL APEGO

El apego se define tradicionalmente como "un factor mental que al relacionarse con un fenómeno contaminado exagera sus aspectos atractivos y desea poseerlo". Su función es actuar como causa auxiliar para que surjan otras emociones aflictivas capaces de crear problemas, tanto en el presente como en el futuro.

"Que exagera sus aspectos atractivos" significa que la mente amplifica aquello que cree percibir en el objeto, en este caso la belleza. Es un estado mental engañoso porque deforma la percepción del objeto. Podríamos utilizar la expresión *deseo ignorante* en lugar del término apego. Tiene cuatro características:

1. Olvidamos que estamos exagerando; no tenemos en cuenta que "lo bello" surge gracias a nuestro buen karma creado en el pasado.
2. Olvidamos que el objeto de nuestro apego, en realidad, no puede producir la felicidad que presumimos.
3. Olvidamos que su naturaleza es transitoria.
4. Estamos dispuestos a lo que sea con tal de conseguir nuestro objetivo.

El apego puede dirigirse tanto hacia objetos animados como inanimados. El término apego suele crear confusión. No se debe confundir el deseo sano por lograr objetivos de la práctica de Dharma –como obtener la liberación– con el apego. Estos deseos positivos serían más bien una mezcla de aspiración y confianza. Por otro lado, el resultado que producen es totalmente diferente al del apego negativo. Su equivalente tibetano es *dosha,* que viene a significar "deseo dañino". El apego también suele confundirse a menudo con el amor, ya que no es fácil distinguir el uno del otro.

Es cierto que en el amor hacia nuestros padres, hijos, esposa o esposo y amigos del alma hay cierta dosis de apego. Distinguimos claramente entre el amor puro y el apego observando nuestra reacción cuando alguna de las personas mencionadas tiene una actitud hostil hacia nosotros. Si su animadversión no afecta el amor que sentimos hacia él o ella, es un signo de que nuestros sentimientos son puros; pero si reaccionamos de manera negativa, quedará manifiesto nuestro apego. El apego siempre espera algo a cambio de su entrega; cuando no lo recibe, se puede transformar en aversión. El amor y la compasión se brindan sin esperar nada a cambio. Escuchamos a menudo conversaciones a nuestro alrededor en las que se habla de los valores del amor, pero el amor incondicional no surge espontáneamente. Necesitamos adiestramiento para saber reaccionar de una manera limpia ante los desafíos que nos plantean a menudo nuestras relaciones con los demás. El camino del amor auténtico no es fácil. Aunque el apego nos hace parecer encantados por complacer a los demás, en realidad los estamos utilizando para obtener algo a cambio. Siempre hay algo de interés por nuestra parte.

El apego puede dirigirse hacia objetos del pasado, del presente o del futuro.

Para abandonar definitivamente el apego tenemos que aplicar la sabiduría que comprende la vacuidad. Aunque, temporalmente, se puede minimizar su intensidad contemplando sus desventajas y aplicando los poderes oponentes adecuados. Una manera de conseguirlo es meditar en los aspectos repulsivos del objeto o en su transitoriedad, así como meditar en la renuncia.

Buda dijo en un sutra que el apego es la soga que nos mantiene sujetos al samsara. El samsara es el hábitat natural de los problemas. Seguimos en él porque no nos hemos esforzado lo suficiente para abandonarlo. Nuestro apego a los lugares y deleites del samsara nos mantiene voluntariamente amarrados a todo aquello que nos perjudica. El apego parece inofensivo a simple vista, no acabamos de creernos el potencial devastador que tiene, pero la dura realidad es que nunca nos proporcionará la satisfacción que anhelamos.

LA AVERSIÓN

La aversión se define como "un factor mental que altera la mente porque, al entrar en contacto con el objeto, lo detesta y desea perjudicarlo". Su función es destruir la paz interior de la persona y ser una causa secundaria para que aumente el sufrimiento. Abarca desde un enfado inicial hasta una explosión de odio.

Si el apego exagera los aspectos agradables del objeto, la aversión exagera los desagradables. Es la base para experimentar dolor y para causarlo. La intención de perjudicar a alguien surge de una mente alterada.

La aversión suele generarse hacia tres objetos: hacia quien nos daña, hacia su instrumento y hacia el dolor que sentimos. Nos hace generar sentimientos como estar disgustados por algo o estar enfadados con alguien. A continuación se describen nueve objetos –o bases– de la aversión:

1. Algo o alguien que nos perjudicó en el pasado.
2. Algo o alguien que nos perjudica en el presente.
3. Algo o alguien que podría perjudicarnos en el futuro.
4. Algo o alguien que perjudicó a nuestros amigos y familiares en el pasado.
5. Algo o alguien que perjudica a nuestros amigos y familiares en el presente.

6. Algo o alguien que podría perjudicar a nuestros amigos y familiares en el futuro.
7. Algo o alguien que ayudó a nuestros enemigos en el pasado.
8. Algo o alguien que ayuda a nuestros enemigos en el presente.
9. Algo o alguien que podría ayudar a nuestros enemigos en el futuro.

La aversión destruye nuestra buena energía y quema las semillas kármicas positivas. Nos impide ser felices en esta vida y es la causa principal para que seamos desgraciados en vidas futuras. Quien está lleno de odio es incapaz de disfrutar de los placeres físicos, vive atormentado y ni tan siquiera es capaz de dormir bien. Buda señaló que no hay peor negatividad que el odio, ni mejor virtud que la paciencia.

Esta emoción aflictiva sólo existe en el reino del deseo, y sus oponentes temporales son el amor y la paciencia, pero para desenraizarla por completo es preciso experimentar la vacuidad. Shantideva nos anima a venerar a quienes nos perjudican, y a quienes atacan nuestra buena reputación o nos calumnian, porque nos permiten practicar paciencia.

Hemos de ser muy conscientes en todo momento de las consecuencias destructivas de la aversión. Ella no tiene otra función que la de hacernos sentir mal; es una de las emociones aflictivas más demoledoras. Cuando en una pareja surge el odio, el amor se transforma en temor. El odio nos impide disfrutar de aquellas cosas que normalmente nos proporcionarían placer, nos convierte en una persona detestable de las que nadie quiere estar cerca. La aversión nos hace utilizar la palabra de la manera más inapropiada, e insultamos, agredimos y alteramos nuestro entorno, pudiendo incluso llegar a romper una familia o a perder un trabajo.

EL ORGULLO

El orgullo se define como "un factor mental que, sobre la base de la visión de lo compuesto y transitorio, se aferra a una imagen engrandecida de uno mismo". Su función es impedir que crezca nuestro conocimiento, y fomenta nuestro desprecio por los demás y la inclinación a humillarles.

En la definición aparece la expresión "visión de lo compuesto y transitorio". Se trata de una emoción aflictiva muy compleja que, aunque se explicará más adelante, básicamente se refiere a un factor mental que malinterpreta la naturaleza de nuestro yo, provocando la proyección de una imagen distorsionada de uno mismo.

El orgullo puede surgir en base a lo que uno es o a lo que uno tiene: "Soy superior a los demás porque pertenezco a una familia noble"; "mi belleza me sitúa por encima del resto"; "mi casa es la mejor de todo el vecindario". El gran Pabongka Rimpoché dice, en *La Liberación en Nuestras Manos,* que cuando observamos el valle desde una cima todo parece diminuto. También el que es orgulloso ve insignificantes a los demás desde su atalaya.

El problema de esta forma de vanidad es que no nos deja apreciar las cualidades de otra persona ni aprender nada de ella, tanto si se trata de conocimientos ordinarios como de la sabiduría del Dharma. Los Gueshes kadampas de antaño solían decir:

En el balón hinchado del orgullo no cabe ni una sola gota de conocimiento.

Decían también:

En la elevada cumbre de la montaña no crece la vegetación porque el agua sólo se acumula en los valles.

Desde el punto de vista de la causa que lo produce, se puede hablar de siete tipos de orgullo:

1. Orgullo en relación a los que están por debajo.
2. Orgullo en relación a los que están por encima.
3. Orgullo en relación a los iguales.
4. Orgullo de la identidad.
5. Orgullo presuntuoso.
6. Orgullo que emula.
7. Orgullo distorsionado.

El orgullo en relación a los que están por debajo surge cuando uno se siente superior a otros porque tienen menos conocimientos, una posición social inferior o menos posibilidades económicas. *El orgullo en relación a los iguales* es sentirse superior a alguien aunque esté a nuestro mismo nivel. *El orgullo en relación a los que están por encima* es considerarse incluso más importante que aquellos que nos superan en conocimiento, posición o riqueza. *El orgullo de la identidad* consiste en creerse mejor a causa de la personalidad, raza o nación a la que se pertenece. *El orgullo presuntuoso* es jactarse de experiencias o realizaciones espirituales de las que uno carece. *El orgullo que emula* es pensar que no somos tan diferentes de aquellos seres que sí están muy por encima de nuestras capacidades. *El orgullo distorsionado* lleva a la persona hasta el punto de verse más importante que el propio Buda, los Bodhisatvas o los Maestros directos.

Si nuestros conocimientos de Dharma nos hacen engreídos, lo superaremos investigando a fondo temas de conocimiento sutiles como los que se presentan en el capítulo noveno de la *Guía*. Meditar en lo frágiles y vulnerables que somos ante las enfermedades, los accidentes, la vejez o la muerte despierta nuestra humildad. Compararnos a un Ser Realizado nos hará entender lo absurdo de nuestras ínfulas.

Sin embargo, Shantideva menciona otros tipos de orgullo que son muy necesarios y positivos: orgullo y confianza en este maravilloso potencial humano que poseemos; amor propio respecto a nuestros buenos actos; respeto a uno mismo por ser capaz de vencer las emociones aflictivas. Si te faltan estas tres formas de orgullo serás presa fácil del desánimo ante las interferencias diversas que presenta la vida. No debemos confundir la emoción aflictiva del orgullo con la confianza en uno mismo o la autoestima positiva.

Una curiosidad final que nos ayudará a entender lo patéticos que puede hacernos parecer el orgullo: la expresión tibetana que traducimos como "orgullo" es *nga gyel. Nga* significa "yo" y *giel* "rey".

LA IGNORANCIA

La ignorancia se define como "un factor mental que confunde la verdadera naturaleza de fenómenos como la ley del karma, la existencia de las Tres Joyas o las Cuatro Nobles Verdades". Su función es servir como base a cualquier emoción aflictiva que derive en un comportamiento erróneo.

Ignorancia en tibetano es *marikpa. Ma* es un prefijo negativo que se añade a la palabra *rikpa* que significa "conocimiento" o "sabiduría". Por tanto, sería como anteponer la palabra "no" al verbo "conocer" o "saber". Ignorancia quiere decir, pues, "no saber" o "no entender". La ignorancia es lo opuesto a la sabiduría, y puede ser de dos clases:

1. La ignorancia que desconoce la ley del karma.
2. La ignorancia que desconoce la realidad última.

Por culpa del primer tipo de ignorancia incurrimos continuamente en aquellas acciones cuyo resultado nos lleva a renacer en los reinos inferiores. Ignorar el karma nos lleva a actuar sin ningún tipo de contención o mesura (creamos el karma para renacer en los reinos inferiores porque no tenemos freno alguno que nos impida acumular karmas negativos). Por culpa del segundo tipo de ignorancia creamos el karma que nos lleva a renacer en reinos superiores. En este caso nuestros actos son positivos, pero detrás de ellos subyace un sentimiento distorsionado del yo y del objeto con el que nos relacionamos.

También clasificamos la ignorancia de este modo: la que desconoce la realidad engañosa y la que desconoce la realidad última.

Abandonar la ignorancia no es tarea fácil: necesitamos escuchar, contemplar y meditar el Dharma; escucharlo es como sostener una lámpara que destierra la oscuridad de la ignorancia que viene representada en la Rueda de la Vida por un anciano ciego, incapaz de ver el sendero que conduce a la liberación.

LA DUDA

La duda se define como "un factor mental que genera un estado de vacilación respecto a las cuatro nobles verdades, la ley del karma o la existencia de las Tres Joyas, y deriva en una conclusión equivocada". Su función es entorpecer el logro de la Liberación o la Iluminación.

Pero no todas las formas de duda son engañosas: la duda a la que nos referimos aquí es la que impide despertar a un conocimiento virtuoso.

Estas cinco emociones aflictivas podrían describirse también como aquellas que *no sostienen un punto de vista particular*. Las que vienen a continuación, en cambio, *sí se apoyan en puntos de vista*. No debemos interpretarlas como meras concepciones intelectuales, se trata de algo mucho más sutil: son conceptos erróneos acerca de la realidad. Las visiones engañosas son lo opuesto a la sabiduría.

LA VISIÓN ENGAÑOSA

La visión engañosa se define como "un estado alterado de inteligencia que considera el yo y lo mío como intrínsecamente existentes; en base a ello, desarrolla concepciones erróneas adicionales". Su función es actuar como fundamento para que se produzcan innumerables emociones aflictivas y actividades incorrectas.

Hay muchos tipos de visiones engañosas pero, si las clasificamos de manera concisa, las más importantes son:

1. La visión de lo compuesto y transitorio.
2. La visión extrema.
3. Sostener como supremas las visiones erróneas.
4. Sostener como supremas las conductas éticas erróneas.
5. La visión errónea.

Si las analizamos en profundidad, una por una, vemos que somos presa de ellas y que son el sustrato al que se adhieren todas las emociones aflictivas. De ahí que sea tan importante primero reconocerlas y después superarlas. Solo así llegaremos a liberarnos de la molesta agitación interior de la que somos víctimas.

LA VISIÓN DE LO COMPUESTO Y TRANSITORIO

La visión de lo compuesto y transitorio se define como "un estado de inteligencia engañoso que observa el yo y lo mío y los concibe como si poseyeran una existencia intrínseca". La función de este factor mental es actuar como soporte de toda la actividad negativa.

Se denomina visión de lo "compuesto y transitorio" porque el conjunto –compuesto– que forman nuestro cuerpo y nuestra mente tiene una naturaleza efímera, pasajera –transitoria–, actúa como base de imputación de un *yo relativo*. Ese yo relativo existe pero la visión de lo compuesto y transitorio lo concibe como si tuviera existencia propia, independiente, como si no fueran necesarias ciertas causas y condiciones para que el sentido del yo y lo mío aparecieran. Esta es la peor de todas las emociones aflictivas porque es como un velo en la mente que adultera la realidad. El primer paso consiste en identificar dicho engaño. Después debemos aprender a utilizar el intelecto, a valernos de razonamientos lógicos, para resolver esa paradoja. La visión de lo compuesto y transitorio es la raíz misma del samsara, e incluso los animales están sujetos a ella. Chandrakirti dijo:

> Sabiduría es comprender que todas las emociones aflictivas y errores surgen de la visión de lo compuesto y transitorio.

La persona concibe instintivamente un yo independiente, intrínseco, inherente y, en base a ese concepto erróneo, genera apego, aversión, egoísmo, orgullo… Estos engaños nos impulsan a implicarnos en actividades que perpetúan nuestro sufrimiento samsárico.

Aunque la visión de lo compuesto y transitorio subyace en todas nuestras actividades, no es fácil reconocerla. Para identificarla es muy importante distinguir entre el objeto observado y el objeto concebido o aprehendido. Supongamos que entramos en nuestra casa en penumbras y confundimos un trozo de cuerda liado en un rincón con una serpiente agazapada: ¡Nos llevamos un susto terrible! El trozo de cuerda es el objeto que observamos, y la serpiente que nos hace chillar de miedo es el objeto concebido y aprehendido.

El objeto *observado* por la visión de lo compuesto y transitorio es un yo relativo, es un yo que legítimamente imputamos sobre el conjunto de nuestros agregados. Ese yo es válido, existe. Pero el objeto *concebido* y aprehendido por la visión de lo compuesto y transitorio es un yo autónomo, es una entidad intrínsecamente existente. En este caso, el objeto concebido, el yo inherente, es un error, no existe. Discernir uno del otro lleva tiempo, y conseguirlo es el propósito central de todas las enseñanzas del Buda.

Cuando pensamos en nosotros mismos no nos relacionamos con un yo relativo, meramente imputado sobre un conjunto de agregados, sino con un yo independiente. Por ejemplo, ahora mismo, en este momento, no pensamos: "Mi cuerpo lee", o: "Mi mente lee", sino: "YO estoy leyendo". Nos relacionamos con un yo autónomo, independiente, que reina por encima del cuerpo y de la mente: es el objeto al que se aferra, concebido por la visión de lo compuesto y transitorio, y podemos afirmar que no existe porque todos los fenómenos dependen necesariamente de otros factores para existir.

El yo relativo –también llamado engañoso o convencional– existe en dependencia de los agregados, y el yo aprehendido y concebido –el yo al que habitualmente nos aferramos– aparece como una entidad autónoma, independiente, intrínseca. Un yo con estas características no existe, ni ha existido ni existirá.

Todas las escuelas budistas, a excepción de la prasangika, identifican el yo como algo que se halla en algún lugar entre los agregados. Algunos sostienen que el yo es el conjunto de los cinco agregados, otros dicen que es la continuidad de la consciencia. Los prasangika niegan todas estas posibilidades. Para ellos, el yo no puede encontrarse ni en los agregados ni fuera de ellos, es tan solo una etiqueta imputada sobre la base de los cinco agregados. El conjunto de los cinco agregados es el soporte para imputar "yo", pero no son el yo. Si establecemos la idea de un yo que sólo es un término imputado sobre la base de los agregados, podremos afirmar fehacientemente que ese yo existe y funciona. Pero si buscamos un yo real que subsista por encima de esta etiqueta no encontraremos nada, solo un vacío.

Es muy importante identificar la visión de lo compuesto y transitorio examinando la propia experiencia. Al principio, la manera más fácil de hacerlo es provocar que el sentimiento habitual del yo se manifieste con mayor fuerza de lo que es habitual.

Para ello recreamos situaciones en las que hemos sido falsamente acusados, ultrajados, o nos han puesto en ridículo, y observamos cómo aflora el yo en dichas circunstancias: ¡resulta muy curioso percatarse de cómo salta el yo cuando conducimos! Hemos de imaginar con fuerza la escena y, a la vez, procurar que una parte de la mente observe la aparición del yo y reconozca qué aspecto tiene. Desarrollar esta habilidad requiere adiestramiento, pero gradualmente llegamos a reconocer ese yo que parece una entidad independiente del cuerpo y de la mente. Si trabajamos en esta línea obtendremos una clara imagen genérica del yo intrínseco o inherente. Lo curioso del caso es que, aunque este yo no existe, nos aferramos a esa imagen genérica a pesar de que es la causante de todo nuestro sufrimiento.

Según los prasangika el término "compuesto y transitorio" no se refiere solo al conjunto cuerpo-mente sino también al yo imputado sobre esta base. Entender que el yo es transitorio contrarresta la idea de un yo o persona sólidos y sustanciales que trascienden la muerte, un yo que siempre ha existido y que adopta un cuerpo y una mente distinto en cada vida. Esta creencia se fundamenta en la idea de que si no existiera un yo permanente, separado del cuerpo y de la mente, la reencarnación no sería posible porque el yo moriría con el cuerpo. Esta creencia refuerza la teoría de que *"mi yo"* de la vida previa creó el karma para proporcionarme la vida que estoy viviendo ahora. Aunque este punto de vista no se sostiene porque ignora la transitoriedad sutil: nada permanece estático ni un solo instante. Para que surja el yo de este instante presente, debe haber cesado el yo del instante inmediatamente posterior. Sin que cese el yo del instante precedente, no aparece un yo subsiguiente o posterior, es una continuidad incesante. El hecho de que el yo se desintegre a cada instante para dar paso a un nuevo yo fue calificado por el Buda como "transitorio".

Si existiera un yo inherente se podría encontrar después de una investigación, pero por más que rebusquemos entre nuestros agregados o fuera de ellos, es imposible dar con él, jamás lo encontraremos. Solo podemos concluir que no existe. Donde percibíamos un yo vívido y rotundo ahora percibimos un vacío, una ausencia: constatamos la inexistencia de ese yo.

LA VISIÓN EXTREMA

La visión extrema se define como "un estado engañoso de la inteligencia que considera de manera eternalista o nihilista el yo concebido por la visión de lo compuesto y transitorio". Su función es impedirnos encontrar el camino medio, libre de todo extremo, y apartarnos del sendero de la Liberación

El extremo del eternalismo es considerar que el yo —nuestra identidad personal— es un fenómeno estático, eterno, intrínseco. El extremo del nihilismo es considerar que, aunque ahora tenemos un yo, una identidad personal, en el momento de la muerte cesará por completo. El extremo del eternalismo consiste en *añadir* un modo de existencia falso al fenómeno. En este caso se tiene por más concreto de lo que en realidad es. La mente que se aferra a un yo estático o permanente es un extremo eternalista. En cambio, el extremo del nihilismo consiste en *eliminar* lo que existe en el objeto. Por ejemplo, si después de buscar el yo no lo encontramos, podemos llegar a concluir que éste no existe en absoluto, y sin embargo existe de un modo relativo, y en consecuencia crea y recibe karma.

El yo o la persona está libre del extremo de la existencia porque no existe de modo inherente, y del extremo del nihilismo porque este hecho no significa que sea del todo inexistente, ya que existe gracias a la relación dependiente.

SOSTENER COMO SUPREMAS LAS VISIONES ERRÓNEAS

El factor mental que sostiene como supremas las visiones erróneas se define como "un estado alterado de inteligencia que observa los puntos de vista erróneos y los toma como sagrados o supremos". Su función es reforzar el apego a las visiones erróneas.

De manera natural pensamos que lo que creemos es correcto y superior a lo que creen los demás, y por ello tenemos dificultad en aceptar que nuestros puntos de vista puedan ser incorrectos. Siempre que nos aferramos fuertemente a una visión errónea creyendo que es correcta mantenemos una visión errónea como suprema, como por ejemplo aceptar que el yo es permanente, que renacerá en un paraíso, que todo ha sido creado por una entidad creadora.

Muchas personas no creen en la posibilidad de liberarse del samsara pero, en realidad, nunca lo han considerado seriamente. Si escuchan buenas explicaciones al respecto y piensan en ellas pueden fácilmente cambiar su opinión. Pero quien sostiene no sólo que es imposible liberarse, sino también que esta idea es suprema, le resultará más difícil cambiar de opinión.

SOSTENER COMO SUPREMAS LAS DISCIPLINAS ÉTICAS ERRÓNEAS

Sostener como supremas las disciplinas éticas erróneas se define como "un estado alterado de la inteligencia que cree que la purificación de lo negativo y la Liberación es posible por medio de prácticas ascéticas o sistemas de ética que, en realidad, son inferiores, inspirados por visiones erróneas". Su función es actuar como base para apartarnos de la liberación y, en consecuencia, obtener resultados no deseados.

Uno de los problemas de este factor mental es que nos impulsa a seguir enseñanzas incorrectas, nos hace perder mucho tiempo y nos impide hacer un buen uso del perfecto renacimiento humano. Algunos pueden pensar que el sendero espiritual entraña vivir como un miserable, sin ropa, ayunar y otros excesos, pero el Buda enseñó que el cuerpo debe tratarse con cuidado porque es la herramienta que utilizamos para llegar a la Iluminación.

LA VISIÓN ERRÓNEA

La visión errónea ese define como "un estado alterado de la inteligencia que niega la existencia de algo que en realidad existe y es necesario para obtener la Liberación o la Iluminación". Su función es la de actuar como base para obstruir la conducta positiva.

Las veinte emociones aflictivas secundarias

Los veinte factores mentales que siguen a continuación también suelen denominarse "emociones aflictivas próximas" por su parecido con las seis emociones aflictivas raíz.

La cólera (tib: *kroba*).
El resentimiento (tib: *khondzin*).
La ira (tib: *tsigpa*).
La crueldad (tib: *namparshepa*).
La ocultación (tib: *chab ba*).
La pesadez (tib: *mugpa*).
La no fe (tib: *madepa*).
La pereza (tib: *lelo*).
El olvido (tib: *jenepa*).
La no vigilancia (tib: *she jin ma yin pa*).
La autocomplacencia (tib: *gije pa*).
La envidia (tib: *tra tog*).
La avaricia (tib: *ser na*).
La excitación mental (tib: *go pa*).
La pretensión (tib: *gyu*).
El disimulo (tib: *gyo*).
La falta de consideración hacia uno mismo (tib: *ngotsa mepa*).
La falta de consideración hacia los demás (tib: *krel me pa*).
La no rectitud (tib: *ba mepa*).
La distracción (tib: *nam par yeng ba*).

LA CÓLERA

La cólera se define como "un factor mental engañoso y malicioso que, debido a un aumento de la aversión, desea perjudicar a los demás física o verbalmente". Su función es impulsarnos a herir a los demás.

La cólera es una parte de la aversión, y mientras persiste deseas herir a los demás.

EL RESENTIMIENTO

El resentimiento se define como "un factor mental engañoso que no olvida la aversión que uno ha generado hacia otro ser". Su función es volvernos impacientes, y es un inductor para generar aversión una y otra vez.

El resentimiento tiene los mismos objetos focales que la aversión. Desea la venganza, es como un nudo en la mente. Si alguien nos perjudicó en el pasado y aún lo lamentamos con enfado es debido al resentimiento. En primer lugar desarrollamos aversión, y posteriormente no olvidamos el dolor o el perjuicio que nos causó. Puede hacernos pecar de hipócritas porque pretenderemos ser amistosos con alguien cuando, interiormente, desearíamos que las cosas le fuesen mal.

LA IRA

La ira se define como "un factor mental engañoso que, motivado por la cólera o por el resentimiento, nos impulsa a hablar con dureza contra la persona que es objeto de nuestra aversión". Su función es actuar como condición para que hablemos bruscamente a los demás. También impide a uno mismo o a los demás experimentar felicidad.

La ira está detrás de las palabras duras que molestan a los demás; destruye nuestras buenas relaciones. La ira puede generarse hacia aquellos que son iguales a uno, hacia los que son inferiores o hacia los que son superiores.

LA CRUELDAD

La crueldad se define como "un factor mental engañoso que, impulsado por una intención maligna desprovista de amabilidad y compasión, desea dañar y menospreciar a los demás". Su función es perjudicar las buenas cualidades propias y ajenas.

La crueldad es lo opuesto a la compasión. Surge por culpa de la aversión, la envidia, el apego o la ignorancia. Por culpa de la aversión podemos desear que alguien sufra, experimente problemas o que, incluso, muera. A causa de la envidia, que es incapaz de alegrarse del éxito ajeno, deseamos que lo pierdan. Por culpa del apego podemos desear los objetos de los demás o incluso desear que mueran para heredarlos. Por culpa de la ignorancia podemos sostener visiones erróneas y desear que la desgracia caiga en quienes no aprecien nuestros puntos de vista.

LA OCULTACIÓN

La ocultación se define como "un factor mental engañoso que surge de la ignorancia y provoca que cuando alguien, con buena motivación, nos señala algún defecto no deseemos admitirlo". Su función es la de alterar la paz física y mental, además de hacernos sentir remordimiento por dicha falta.

Cuando un Maestro Espiritual señala nuestros errores no los admitimos, los intentamos esconder. Que aumente o disminuya nuestra energía positiva o negativa depende de si se ocultan o se manifiestan. Si cometemos un acto negativo y en lugar de esconderlo lo declaramos, disminuye su energía negativa. Por el contrario, si creamos actos positivos y, en vez de revelarlos, los escondemos, su energía positiva aumenta.

La ocultación puede esconder defectos, parcial o totalmente, y también hacerlo de manera temporal o permanente. Con la ocultación no reaccionamos violentamente hacia quienes evidencian nuestras faltas, simplemente aparentamos desconocer la falta que nos describen.

LA PESADEZ MENTAL

La pesadez mental se define como "un factor mental engañoso que provoca que el cuerpo y la mente se vuelvan pesados y poco flexibles, causando que el objeto de meditación se vuelva oscuro". Su función es la de hacer que otras emociones aflictivas secundarias sean más efectivas, atraer el hundimiento mental y dirigir hacia un estado de adormecimiento.

Generalmente la pesadez ocurre cuando uno desea implicarse o está implicado en actividades virtuosas. La pesadez y el apego a dormir causan que degenere la práctica de Dharma.

Hay dos tipos de pesadez: burda y sutil. La pesadez burda es cuando sentimos el cuerpo y la mente pesados. La sutil es cuando, a pesar de no sentirse así, no se percibe el objeto de meditación claramente. No debe confundirse la pesadez con el hundimiento, esto último ocurre solo en fases avanzadas de concentración.

LA NO FE

La "no fe" se define como "un factor mental engañoso opuesto a la fe que no cree en la ley de causa y efecto, las Tres Joyas y otras realidades" Su función es actuar como base de la pereza, la cual obstaculiza el desarrollo de la aspiración.

La no fe puede clasificarse en tres divisiones: ausencia de fe de la creencia, ausencia de fe de la aspiración y ausencia de fe de la admiración. Este factor mental transforma la mente en una semilla seca porque sin fe no pueden crecer realizaciones espirituales.

LA PEREZA

La pereza se define como "un factor mental engañoso que se apega a los placeres temporales y que carece de interés alguno en implicarse en la actividad virtuosa". Su función es provocar la degeneración de todo tipo de esfuerzo.

La pereza bloquea todo desarrollo espiritual obtenido en el pasado y destruye las causas de un desarrollo espiritual ulterior. En el sutra *Emplazamiento en la Atención* Buda dijo:

La pereza es una de las bases para generar emociones aflictivas.

Aunque existen diferentes tipos aquí se mencionan cuatro:

1. La pereza de la atención al error.
2. La pereza del descorazonamiento.
3. La pereza de posponer.
4. La pereza de la atracción por las actividades triviales.

La pereza de la atención al error. Es la que no ve necesidad alguna en practicar Dharma.

La pereza del descorazonamiento, también denominada "pereza autocompasiva", es aquella en la que, a pesar de tener el potencial de practicar Dharma y progresar, uno está convencido de que carece de él y, además, magnifica las incapacidades propias.

La pereza de posponer entraña retrasar la práctica. Kuntang Jampelyang solía comentar:

La muerte suele llegar antes de empezar a practicar,
por ello el momento correcto de la práctica es ahora.

La pereza de la atracción por las actividades triviales consiste en apegarse a los deleites de esta vida y no pensar nunca en lo que beneficia las vidas futuras. Por su culpa pasas el tiempo sin interés alguno por el Dharma. El oponente a la pereza es meditar en el perfecto renacimiento humano, la transitoriedad, la muerte y las desventajas de la existencia cíclica.

La pereza de la que se habla aquí es necesariamente un factor mental negativo. Desagradarte limpiar o cocinar, aunque puede reportar algún problema, no se considera una emoción aflictiva. Se trata de actividades neutras y no de una emoción aflictiva.

EL OLVIDO

El olvido se define como "un factor mental engañoso que nos hace olvidar lo que es virtuoso y nos conduce hacia las emociones aflictivas". Su función es actuar como base para la distracción.

El olvido, al ser opuesto a la atención, es un ladrón que confisca los méritos acumulados por tus prácticas virtuosas, transformándote en un recipiente con un agujero. El olvido aquí se refiere a un factor que olvida objetos virtuosos, y no a olvidar objetos negativos o neutros.

LA NO VIGILANCIA

La no vigilancia se define como "un factor mental engañoso que, al no distinguir la calidad de las acciones de cuerpo, palabra y mente, se implica en ellas". Su función es: 1) causar que degenere la inteligencia analítica; 2) ser la base para generar faltas a través de las tres puertas; 3) obstaculizar la aplicación de los cuatro antídotos de los actos negativos.

La Guía dedica un capítulo entero a la atención y la vigilancia, y en su penúltima estrofa Shantideva nos recuerda:

> La característica definitoria de la vigilancia de manera resumida es esta: examinar una y otra vez las acciones de cuerpo y mente.

La concentración se desarrolla gracias a la atención y la vigilancia. La vigilancia es un factor mental que discierne y que es muy cauto en relación a los actos que uno emprende; la no vigilancia es lo opuesto. Sin vigilancia tenemos muchas posibilidades de crear faltas y de romper la ética.

Hay tres tipos de no vigilancia: la que causa asociarnos con amigos negativos; la que obstaculiza generar la inteligencia analítica; la que obstaculiza la permanencia apacible.

Si nos olvidamos de darle cuerda al reloj no es una emoción aflictiva. Olvidarnos de lo que produce aversión es virtuoso. El factor mental del olvido ocurre cuando olvidamos el objeto de meditación por culpa de la distracción hacia un objeto de apego. El olvido es uno de los principales obstáculos para el desarrollo de la concentración, y lo contrarresta la atención.

LA AUTOCOMPLACENCIA

La autocomplacencia se define como "un factor mental engañoso que, al ser consciente de los signos de la buena fortuna que uno posee, produce un falso sentimiento de confianza". Su función es hacer surgir otras emociones aflictivas e interferir en el logro de la obtención de cualidades superiores.

Este factor mental es responsable de tu falta de interés en el desarrollo espiritual. *La Carta Amistosa* de Nagaryuna alude a cinco tipos diferentes de autocomplacencia:

1. La autosatisfacción con respeto al estatus.
2. La autosatisfacción con respecto a la belleza física.
3. La autosatisfacción con respecto al conocimiento y habilidades personales.
4. La autosatisfacción con respecto a la juventud y la vitalidad.
5. La autosatisfacción con respecto al poder.

Caer en cualquiera de estas cinco clases de autocomplacencias –tarde o temprano– nos llevará al engaño, y por ello es considerada una emoción aflictiva. Puesto que las cualidades que producen dicha complacencia son transitorias, su pérdida producirá dolor. Un desarrollo muy acusado de este factor provoca que desperdiciemos el perfecto renacimiento humano, e impide ver las propias faltas y superarlas. Este factor mental produce orgullo.

LA ENVIDIA

La envidia se define como "un factor mental engañoso que se siente insatisfecho cuando observa las cualidades y bienes de los demás". Su función principal es producir inquietud y causar el declive de nuestra energía positiva.

La envidia no perjudica a los demás, sino a quien la siente. Es lo contrario del regocijo y uno de los peores estados mentales negativos, porque crea incomodidad en uno mismo y mala atmósfera en el medio ambiente; a largo plazo causa renacer en reinos inferiores.

Hay dos tipos de envidia: la envidia que surge a causa del apego a las posesiones y la envidia que surge debido al apego a la reputación y la fama.

Si, por ejemplo, alguien está a punto de conseguir lo que uno desea, entonces uno empezará a criticar e incluso a odiar a quien percibe como un contrincante. Esto nubla la visión que uno tiene de la persona, impulsándole a crear muchos actos negativos adicionales.

LA AVARICIA

La avaricia se define como "un factor mental engañoso que se aferra intensamente a las posesiones propias y no desea separarse de ellas". Su función es actuar como obstáculo principal para conseguir la perfección de la generosidad.

Si uno es avaricioso con sus posesiones no podrá ni disfrutarlas ni dejar que otros las disfruten. *La Guía* de Shantideva dice:

> Si yo doy lo que tengo, ¿qué podré disfrutar?
> Este razonamiento egoísta es el camino que siguen los espíritus ávidos.
> Si lo sigo, ¿qué podré dar?
> Este razonamiento distingue a los dioses.

A nivel temporal, la avaricia nos impide hacer ofrecimientos a las Tres Joyas y dar limosna a los destituidos; a nivel último causa carecer de posesiones y fortuna en el futuro.

Ya que, al no ser permanentes, las posesiones materiales no tienen una esencia real, hemos de aprender a usarlas para que nos den beneficio temporal y último. Aunque es lícito y necesario procurar obtener todo tipo de comodidad material, a la vez hemos de ser generosos. El objeto principal para generar avaricia son los objetos materiales, pero también puede incluir el tiempo que ofrecemos a los demás. Podemos ser avariciosos en relación con las cosas que poseemos y en relación con el Dharma que sabemos.

LA EXCITACIÓN MENTAL

La excitación se define como "un factor mental engañoso que impide que la mente permanezca sobre un objeto virtuoso. Se implica en objetos atractivos que ha visto o experimentado, intranquiliza la mente y nos aparta del objeto de meditación". Su función es obstruir el logro de la permanencia apacible.

La excitación causa que la mente se implique en una fantasía descontrolada. Este factor está a menudo en nuestro interior, pero su presencia sólo se vuelve muy evidente cuando empezamos a concentrar la mente

La distracción no es lo mismo que la excitación mental. El objeto de la excitación ha de ser –necesariamente– un objeto atractivo, y en consecuencia es debida al apego. La distracción en cambio surge a causa de la ignorancia o de la aversión. La excitación mental es un tipo de apego que dirige la mente hacia los objetos atractivos. La pesadez mental produce hundimiento mental; el apego causa la excitación.

La excitación puede ser burda o sutil. La burda ocurre cuando se pierde totalmente la atención; la sutil ocurre cuando, a pesar de estar pendientes del objeto de concentración, una parte de la mente está distraída por un objeto de apego. Se asemeja a un mono que no sabe permanecer quieto.

Para emprender un retiro de permanencia apacible es preciso saber distinguir entre la distracción y la excitación. Aunque ambos obstaculizan la concentración, el problema más pesado al principio es la excitación. También es necesario discernir entre el hundimiento y la pesadez mental. Conocer la diferencia entre todos ellos es importante para saber qué antídoto aplicar en cada momento.

LA PRETENSIÓN

La pretensión se define como "un factor mental que, motivado por el apego a la riqueza y a la reputación, te impulsa a pretender poseer cualidades que no tienes". Su función es actuar como base para seguir una forma de vida incorrecta.

Las enseñanzas explican claramente que ofrecer algo que se ha obtenido de forma ilícita no satisface a las Tres Joyas. Hemos de apartarnos de la hipocresía, la adulación, el soborno, el actuar de manera interesada… Es decir: pretender mantener una buena moralidad a pesar de no hacerlo; aparentar tener buenas cualidades cuando, en realidad, no se tienen; o manipular por medio de la verborrea hábil, con el fin de recibir algo a cambio.

La pretensión puede clasificarse en pretensión que surge debido al apego y pretensión que surge debido a la ignorancia.

La pretensión y la ocultación son similares porque los dos proyectan una imagen falsa de uno mismo a los demás. En apariencia engañan a los demás, pero en realidad el único que se engaña es uno mismo.

EL DISIMULO

El disimulo se define como "un factor mental engañoso que no desea purificar los actos negativos cometidos". Tiene la función de hacer disminuir el poder de la inteligencia y de aumentar las acciones negativas de cuerpo, palabra y mente.

LA FALTA DE CONSIDERACIÓN HACIA UNO MISMO

La falta de consideración se define como "un factor mental que, no teniendo en cuenta razones de conciencia personal ni del Dharma propio, cae en lo negativo". Su función es actuar como condición para que surjan todo tipo de emociones aflictivas y para romper los votos.

LA FALTA DE CONSIDERACIÓN HACIA LOS DEMÁS

La falta de consideración hacia los demás se define como "un factor mental que, no teniendo en cuenta a los demás ni su Dharma, cae en lo negativo". Su función es destruir la buena conducta.

Por culpa de la falta de consideración hacia uno mismo y hacia los demás surgen el resto de emociones aflictivas secundarias. Este factor mental destruye la aspiración de seguir actividades virtuosas y causa obstáculos a los demás y su práctica de Dharma; además destruye la posibilidad de mantener una disciplina ética pura. El *Abhidharmakosha* señala que estos dos factores acompañan toda acción negativa.

LA NO RECTITUD

La no rectitud se define como "un factor mental que, sin refrenarse, se implica en actividades negativas impidiendo así progresar en el sendero". Su función es aumentar las acciones negativas y disminuir las positivas.

La no rectitud te dirige a los tres reinos inferiores y la rectitud a la Liberación. La pereza y la no rectitud se apoyan mutuamente.

LA DISTRACCIÓN

La distracción se define como "un factor mental que surge del odio, el apego o la ignorancia, impide que permanezcas sobre el objeto de concentración y te dispersa hacia objetos diversos". Su función es causar la degeneración de la concentración y separarte de la meditación analítica y de emplazamiento.

Como ya se ha mencionado, la distracción y la excitación no son lo mismo. La excitación es un factor mental que vagabundea hacia un objeto de apego; la distracción puede ser provocada por cualquier cosa, incluso por un objeto virtuoso. Es el peor obstáculo para desarrollar la permanencia apacible. Las emociones aflictivas nos impiden permanecer sobre el objeto de concentración.

Para desarrollar concentración y ser capaz de permanecer estables contemplando un objeto hemos de pasar por nueve etapas, descritas en el factor mental de la concentración. La primera etapa consiste solo en llevar la mente hacia el interior, es decir, colocarla en el objeto de meditación. Actualmente, ni tan siquiera nos damos cuenta de si estamos o no distraídos; ni tan siquiera somos capaces de distinguir las características de la distracción, la excitación o el hundimiento. La razón por la que nuestra meditación no es fructífera es porque somos incapaces de permanecer sobre el objeto de concentración. Concentración y distracción son estados opuestos. Se distinguen seis tipos de distracción:

Distracción inherente

La distracción inherente es la relacionada con las consciencias sensoriales. Si estás meditando y oyes un sonido, la consciencia auditiva se implicará con él y la mente dejará de estar sobre el objeto. La naturaleza de las consciencias sensoriales es la distracción.

Distracción externa

La distracción externa ocurre cuando estás meditando y la mente se va hacia cualquier objeto externo. Los estados virtuosos del reino del deseo –como estudiar, contemplar y meditar – tienen esta naturaleza porque la mente es incapaz de permanecer centrada en un objeto virtuoso durante largo tiempo, siempre tiene la tendencia a dispersarse hacia otros objetos.

Distracción interna

La distracción interna acontece cuando, a pesar de estar bien concentrados sobre el objeto, aparece el hundimiento o el ansia por el sabor de la concentración.

Distracción hacia un signo

La distracción hacia un signo es provocada por la pretensión y se puede manifestar así: "Puesto que desarrollo concentración, la gente va a pensar que soy un ser maravilloso". Pretender que se ha desarrollado concentración cuando en realidad no es así es otro ejemplo de esta distracción.

Distracción por un estado mental rígido

La distracción por un estado mental rígido deriva del estado distorsionado de la mente que se aferra a un yo inherente. Esta distracción es un tipo de orgullo basado en la visión de la existencia inherente o intrínseca.

Distracción atenta

En la distracción atenta dejas un estado superior de absorción por uno inferior o deseas abandonar el mahayana para practicar el hinayana.

Los once factores mentales virtuosos

La virtud se define como "un fenómeno cuya función es producir felicidad". El propósito de la práctica del Dharma es desarrollar todos los factores mentales de carácter virtuoso hasta llegar a la Iluminación. Los factores mentales negativos producen malestar en la mente, y el desarrollo de los once factores virtuosos causa felicidad. En consecuencia, es importante conocerlos, detectarlos y desarrollarlos. La virtud se puede clasificar en cuatro tipos:

1. Virtud natural.
2. Virtud por motivación.
3. Virtud por relación subsiguiente.
4 Virtud última.

Los once factores mentales virtuosos que aparecen en este capítulo son una *virtud natural* porque no requieren de ningún otro factor para que sean estados mentales positivos y productores de felicidad.

La virtud por motivación se refiere a las acciones virtuosas de cuerpo y palabra motivadas por la fe u otros factores positivos.

La virtud por relación subsiguiente es la impresión que dejan en la consciencia cualquiera de los once factores mentales virtuosos.

La virtud última se refiere a la cesación del sufrimiento.

También se puede hablar de una virtud por esfuerzo y una virtud de nacimiento. *La virtud por esfuerzo* es la que necesita condiciones, es decir, la ayuda de alguien que nos enseñe o del apoyo del estudio. *La virtud de nacimiento* es la que no necesita dichas condiciones. Los once factores mentales virtuosos son:

1. La fe (tib. *depa*).
2. El desapego (tib. *ma chagpa*).
3. La no aversión (tib. *zhe tang mepa*).
4. La no ignorancia (tib. *ti mug mepa*).
5. El esfuerzo (tib. *tsondru*).
6. La flexibilidad (tib. *shin tu jangpa).*
7. La rectitud (tib. *ba yogpa*).
8. La consideración hacia uno mismo (tib. *ngo tsa shepa*).
9. La consideración hacia los demás (tib. *krel yopa*).
10. La ecuanimidad (tib. *tang nyom*).
11. La no violencia (tib. *nam par mi tsheba*).

LA FE

La fe se define como "un factor mental que en relación a fenómenos como la ley de causa y efecto, las Tres Joyas y otros produce un estado alegre, libre de la agitación que provocan las emociones aflictivas". La función de la fe es actuar como base para generar toda cualidad virtuosa.

Se podría también traducir como "confianza". Del mismo modo que una madre es imprescindible para que nazca un ser; la fe da a luz todo lo que es positivo. En un sutra el Buda dijo que, del mismo modo que una semilla quemada no tiene poder para germinar, la persona que carece de fe no puede generar cualidad positiva alguna.

La fe puede ser de tres clases:

1. La fe de la admiración.
2. La fe de la creencia.
3. La fe de la aspiración.

La fe de la admiración es un estado mental tranquilo, libre de conceptos negativos y que surge viendo las cualidades de nuestros Maestros, del Buda, del Dharma y de la Sangha. También se denomina fe clara porque en su estado ordinario la mente es como agua con barro, pero una vez se despierta este tipo de fe, es como si el barro descendiera al fondo y el agua se volviera clara y transparente. Cuando nos enfocamos en las cualidades del Buda o del Dharma la mente se ve libre de la suciedad de las emociones aflictivas.

La fe de la creencia es la que surge cuando se entiende la infalibilidad de la ley de causa y efecto, las buenas cualidades de las Tres Joyas –saber que mediante la práctica del Dharma te transformas en Sangha y en Buda– y otros temas. Puesto que esta fe ha de surgir del análisis, es muy firme. Está basada en la fe de la admiración, pero es más fuerte y definida.

La fe de la aspiración es el deseo de seguir el Dharma en base a la comprensión de sus cualidades. Esta fe entraña despertar un interés especial –por ejemplo, al escuchar enseñanzas de las Cuatro Nobles Verdades– en seguir el sendero espiritual y obtener la liberación del samsara.

La diferencia entre la fe de la aspiración y la aspiración de la que hablábamos en la sección previa es que la primera tiene como objeto las Tres Joyas y otros temas transcendentales; la segunda puede incluir temas mundanos y cosas negativas.

Sin fe en una práctica particular no tendremos deseo alguno de implicarnos en ella. Si tenemos fe en Buda desarrollaremos la aspiración de ser como Él, y esto nos animará a practicar el sendero.

EL DESAPEGO

El desapego se define como "un factor mental que al relacionarse con un objeto que provoca apego actúa como su oponente". Su función es la de hacer disminuir el apego.

El apego es muy difícil de eliminar, es como una mancha de aceite en un trozo de tela.

Solemos desplegar apego hacia objetos animados e inanimados, y cada vez que surja hemos de reflexionar en: 1) las desventajas de albergarlo en nuestro interior; 2) la transitoriedad; 3) la muerte; 4) los aspectos negativos del objeto que lo provoca. Aplicando estos antídotos la mente se convierte en desapego.

El problema con el apego es que mientras permitas estar sujeto a sus demandas sólo obtendrás decepción y sufrimiento, y nunca la satisfacción que deseas. El apego te conduce de un lugar a otro en búsqueda de placeres transitorios que, en realidad, carecen de valor. El desapego te permite enfocar tu atención y energía en lograr objetivos más fructíferos. Y se despierta al comprender la verdadera naturaleza de los objetos a los que te apegas.

LA NO AVERSIÓN

La no aversión se define como "un factor mental que al relacionarse con uno de los tres objetos específicos de la aversión actúa como su oponente". Su función es evitar la aversión y aumentar el amor.

Hay tres objetos específicos que producen aversión: la persona o situación que te perjudica, el instrumento que causa el dolor, y el dolor que se siente. Podemos usar razonamientos de la *Guía* de Shantideva para contrarrestar el odio:

¿Por qué me enfado con el enemigo si quien me perjudica directamente es el instrumento? ¿Por qué no me enfado con el instrumento? Es absurdo enfadarse con el instrumento porque no tiene control alguno, es empuñado por el agresor. Pero la verdad es que éste carece también de control ya que está sometido por sus propias emociones aflictivas: ¿mé enfadaré con las emociones aflictivas? Definitivamente, en caso de generar odio ha de ser dirigido hacia las emociones aflictivas del agresor".

Según el *Abhidharmakosha,* el amor y la compasión son la raíz de la no aversión. Debemos procurar practicar estas cuatro disciplinas:

1. No reaccionar con aversión cuando te critican.
2. No reaccionar con aversión cuando te odian.
3. No reaccionar con aversión cuando te perjudican.
4. No reaccionar con aversión cuando te culpan injustamente.

Al encontrarnos con situaciones incómodas generamos una sensación desagradable que desemboca en aversión, lo cual causa tensión en la mente impulsándonos hacia un comportamiento descontrolado. Ponemos la no aversión en acción cuando, sin reaccionar ciegamente, procuramos que nuestra mente esté caracterizada por el amor, la amabilidad y la aceptación paciente de la situación. Desarrollar este factor nos ayuda a cortar con el odio y el enfado. El odio es como el agua hirviendo y la no aversión como el agua fría.

Shantideva en su *Guía* explica tres tipos de paciencia: la paciencia de no vengarse, la de aceptar voluntariamente el sufrimiento y la de aprehender el Dharma. La primera se practica con los que nos perjudican; la segunda con todo lo que causa sufrimiento; la tercera con el sufrimiento en sí.

LA NO IGNORANCIA

La no ignorancia se define como "un factor mental que actúa como antídoto a la ignorancia". Su función es la de eliminar la ignorancia, aumentar la sabiduría y establecer todas las buenas cualidades.

El desapego, la no aversión y la no ignorancia son la raíz de todo lo virtuoso, el remedio que contrarresta las emociones aflictivas y la esencia de todos los senderos a la Iluminación. La razón por la que el Buda enseñó el Dharma fue para eliminar las tres emociones aflictivas raíz de los seres.

La no ignorancia es sinónimo de sabiduría y puede ser de cuatro clases:

1. La sabiduría que surge de escuchar.
2. La sabiduría que surge de contemplar.
3. La sabiduría que surge de meditar.
4. La sabiduría innata.

Los tres primeros tipos de sabiduría surgen del esfuerzo y el adiestramiento; el cuarto, la sabiduría innata, es la que recibimos como fruto del karma de las vidas pasadas. Este es el caso de algunos niños que, sin apenas estudiar, son capaces de recordar con facilidad escrituras de Dharma. En una ocasión, Gueshe Tamding me comentó que, antes de fallecer, la reencarnación previa del actual Demma Locho Rimpoché dejó dicho que tras su muerte se encontraría a un niño que podría recitar el *Madhyamakvatara* de memoria, y que sería su reencarnación. Efectivamente, el actual Demma Locho era capaz de recitar este extenso texto desde muy joven.

Antes de contemplar y meditar es imprescindible escuchar. La sabiduría que surge de escuchar ha de abarcar toda la enseñanza del Buda —ética, concentración y sabiduría—. Sin embargo no producirá un conocimiento válido, sino solo una creencia que asume correctamente que no es un estado mental muy estable y que aparece en la segunda parte de este libro.

Discutir las enseñanzas con otros estudiantes e investigarlas analíticamente despierta la sabiduría que surge de contemplar, lo cual produce un conocimiento inferencial. Concentrarse en la conclusión del análisis despierta la sabiduría que surge de meditar, que culmina en lo que se denomina "percepción yóguica", una experiencia directa del tema en cuestión.

La sabiduría analiza las enseñanzas apoyándose en razonamientos lógicos que, primero, producirán una inferencia del tema en cuestión. Solo después este conocimiento se podrá transformar en una experiencia directa o percepción yóguica. Buda enfatizó el no aceptar las enseñanzas solo por el carisma del Maestro, sino usando los denominados "cuatro apoyos" siguientes:

1. No confíes en la persona, sino en el Dharma.
2. No confíes en las palabras, sino en su significado.
3. No confíes en el significado interpretativo, sino en el definitivo.
4. No confíes en la consciencia, sino en la sabiduría.

No hemos de seguir a un Maestro por su carisma o fama, sino por sus enseñanzas; no hemos de quedar atrapados por la belleza de su oratoria, sino por su significado subyacente. Tampoco deberíamos quedar atrapados por el significado interpretativo de la enseñanza, sino que hemos de buscar el significado definitivo. Por último, es preciso apoyarnos en estados de consciencia válidos (pramana), como la percepción inferencial o la yóguica, y no en los inválidos (la consciencia que asume correctamente, que es como una especie de fe ciega).

El factor mental de la inteligencia que apareció en la división de "los factores que determinan el objeto" no es como la sabiduría que se explica aquí. La sabiduría es un antídoto a la ignorancia que se aferra a la existencia intrínseca, es fruto del esfuerzo, el estudio y la concentración y siempre es virtuosa; la inteligencia —en cambio— es más general, y puede ser positiva o negativa.

EL ESFUERZO

El esfuerzo se define como "un factor mental que se implica con alegría en actos virtuosos". Su función es la de actuar como base para estabilizar la virtud, y es un remedio para la pereza. Podría traducirse como energía perseverante o entusiasmo.

El esfuerzo que se ejerce en actividades ordinarias es un tipo de pereza: el esfuerzo verdadero se refiere al conectado con el Dharma. De este esfuerzo surge toda cualidad virtuosa, la acumulación de mérito y sabiduría. Según el *Abhidharma* el esfuerzo puede ser de cinco tipos:

1. El esfuerzo de la armadura.
2. El esfuerzo de la aplicación.
3. El esfuerzo del no descorazonamiento.
4. El esfuerzo indestructible.
5. El esfuerzo de la insatisfacción.

El esfuerzo de la armadura es la fuerte determinación de implicarse en actos virtuosos. *El esfuerzo de la aplicación* es el que nos hace seguir de manera consistente y alegre la práctica de Dharma. *El esfuerzo del no descorazonamiento* nos permite soportar todo tipo de situaciones sin desanimarnos ni apartarnos del Dharma. *El esfuerzo indestructible* consiste en no cambiar la decisión que uno ha tomado. *El esfuerzo de la insatisfacción* consiste en no contentarse con el nivel de realización espiritual alcanzado. Nunca deberíamos sentirnos satisfechos con las buenas cualidades que se desarrollan en el camino espiritual; en cambio, en lo que respecta a las posesiones materiales es mejor contentarse con lo que tenemos.

Hay cuatro condiciones que favorecen el desarrollo del esfuerzo, y una explicación extensa de ellas aparece en la *Guía a la forma de vida del Bodhisatva*:

1. El poder de la aspiración.
2. El poder de la inmutabilidad.
3. El poder de la alegría.
4. El poder del descanso.

El poder de la aspiración es el fuerte deseo de practicar Dharma. Se cultiva contemplando las ventajas de practicarlo y las desventajas de no hacerlo. *El poder de la inmutabilidad* consiste en estabilizar nuestra práctica y seguirla hasta conseguir un resultado. *El poder de la alegría* es practicar con una mente alegre, como la que siente un niño con sus juegos. *El poder del descanso* consiste en saber cuándo esforzarse y cuándo descansar en nuestros estudios y en nuestras meditaciones. También es conocido como "poder del rechazo", que es la capacidad de posponer ciertas prácticas hasta haber cultivado una buena base para ellas.

LA FLEXIBILIDAD

La flexibilidad se define como "un factor mental que interrumpe cualquier rigidez física o mental y que posibilita el implicarse con un objeto virtuoso". Su función es impedir cualquier tipo de rigidez y actuar como base para desarrollar todo tipo de meditación.

Este factor mental es virtuoso por naturaleza debido a que tiene un objeto virtuoso como punto focal. La flexibilidad se desarrolla de manera completa tras la consecución de la permanencia apacible. Actualmente, cuando nos implicamos en alguna práctica de Dharma sentimos una especie de rigidez física y mental, lo cual es un signo de que carecemos de flexibilidad. Que alguien sea una buena persona no implica necesariamente que tenga la flexibilidad.

Existen dos tipos de flexibilidad: la flexibilidad principal y la flexibilidad ordinaria. La flexibilidad principal es el estado de separación total de cualquier rigidez física y mental, y se obtiene con la consecución de la permanencia apacible, una vez atravesadas las nueve etapas. La flexibilidad ordinaria es la que ocurre antes de llegar a ese estado, pero de manera especial en las etapas sexta y séptima.

La rigidez mental que la flexibilidad elimina es la causa principal de la resistencia y el desagrado hacia las actividades virtuosas. La flexibilidad aparece siempre que experimentamos concentración pura. En realidad, aunque nos pasa desapercibida, los breves instantes en que estamos concentrados ya producen cierto nivel de flexibilidad.

La concentración ayuda a hacer flexibles el cuerpo y la mente y facilita la práctica del Dharma. Ahora mismo ya tenemos cierta flexibilidad, pero es débil porque la concentración también lo es y, en consecuencia, es difícil de detectar. A medida que la concentración aumente, la flexibilidad también lo hará, y con ella aumentará la facilidad para implicarnos en el Dharma, ya que dicha flexibilidad es el antídoto directo a la pereza. Nuestra labor más importante cuando empezamos un sendero espiritual es eliminar la pereza. Con la flexibilidad, actividades como hacer postraciones, sentarse a meditar, hacer retiros y otras se vuelven un placer, y no habrá resistencia física ni mental de nuestro lado. Y cuanta más concentración consigamos, más decrecerá el apego y la aversión.

LA CONSIDERACIÓN HACIA UNO MISMO

La consideración hacia uno mismo se define como "un factor mental que, por razones personales, evita cualquier acto negativo". Su función es la de refrenar todo tipo de conducta negativa de cuerpo, palabra y mente, y actúa como base de la ética.

LA CONSIDERACIÓN HACIA LOS DEMÁS

La consideración hacia los demás se define como "un factor mental que evita cualquier acto negativo, al tener en cuenta a los demás". Su función es la de refrenar todo tipo de conducta negativa de cuerpo, palabra y mente, y actúa como base de la ética.

Quien está en posesión de estos dos factores es una buena persona. Los dos son como un recipiente capaz de retener toda cualidad virtuosa y como una pared de hierro que nos aparta de todo acto negativo. En su *Carta al Rey* Nagaryuna dijo que las personas que detentan el poder deben, cuando menos, tener consideración hacia uno mismo y los demás.

LA RECTITUD

La rectitud se define como "un factor mental que estima la acumulación de lo virtuoso y evita caer bajo la influencia de cualquier emoción aflictiva". Su función es la de ayudar a mantener disciplina ética pura y actuar como base para que surjan las cualidades mundanas y supramundanas.

La rectitud es muy importante, ya que sin ella uno está como desnudo. Según el filósofo budista Nagaryuna, con la rectitud se posee el néctar que dirige a los reinos elevados y a la liberación; sin ella uno se convierte en un condenado a muerte.

En la rectitud está presente la no aversión, el desapego, la no ignorancia y el esfuerzo, por tanto se opone a las tres emociones aflictivas raíz. La rectitud es la antagonista de la tendencia profundamente enraízada de desarrollar cualquiera de las emociones aflictivas raíz y secundarias descritas. Para cultivar rectitud necesitamos la atención (explicada en la sección de los factores mentales que determinan el objeto) y la vigilancia. Por medio de la atención hemos de atar la mente a un objeto virtuoso, y con la vigilancia procuramos no caer en la aplicación inapropiada.

La rectitud tiene el beneficio de proporcionarnos un mecanismo psicológico que nos permite eliminar factores mentales negativos y desarrollar de positivos. Por supuesto, esta fuerza psicológica capaz de ser muy consciente de lo negativo y lo positivo solo podrá surgir cuando estemos muy empapados de la ley de causa y efecto. Digamos que una fuerte convicción respecto a las consecuencias desfavorables de las aflicciones mentales nos dará el ímpetu necesario para expulsarlas de nuestra mente.

La rectitud consiste en mantener la mente libre de emociones aflictivas apartándola de los objetos que los provocan, y también impidiendo caer presa de la "aplicación inapropiada", un factor mental responsable del desarrollo de las emociones al exagerar las buenas o malas cualidades del objeto. Si encontramos a alguien que nos desagrada, evitaremos la aplicación inapropiada hacia sus malas cualidades enfocándonos en las buenas o recordando las desventajas del odio.

LA ECUANIMIDAD

La ecuanimidad se define como "un factor mental asociado con el esfuerzo, libre de las tres emociones aflictivas raíz y que mantiene a la mente primaria sin hundimiento y excitación". Su función es la de actuar como base para mantener la mente estabilizada sobre un objeto virtuoso.

En las enseñanzas budistas aparecen tres tipos de ecuanimidad: el sentimiento de ecuanimidad, la ecuanimidad ilimitada y la ecuanimidad vinculada con la concentración. Aquí nos referimos al último tipo, una ecuanimidad que –durante la meditación– nos permite enfocar la mente sobre un objeto, sin hundimiento ni excitación. La ecuanimidad plenamente cualificada sólo se consigue tras desarrollar la permanencia apacible, pero ya en etapas precedentes podemos generar una ecuanimidad similar.

"Libre de las tres emociones aflictivas raíz" no significa que las hayamos desenraizado de nuestro interior, sino que solo nos hemos apartado "temporalmente" de ellas. Es así porque mientras estamos concentrados nos apartamos del contacto con los objetos de los sentidos, evitando así cualquier emoción aflictiva.

Al principio no podemos enfocarnos sobre un objeto ni tan siquiera por unos instantes; a medida que pasamos por las nueve etapas, nos libramos totalmente de la excitación y el hundimiento, lo cual nos permite generar dicha ecuanimidad. La ecuanimidad es débil al principio, pero puede transformarse en una fuerza muy importante ya que, al actuar como oponente a la excitación y el hundimiento, nos permite mejorar la concentración. Cuando meditamos es preciso examinar la calidad de nuestra concentración. Una buena concentración ha de tener las cuatro características mencionadas antes: permanece sobre su objeto sin moverse hacia otros; sostiene con firmeza el objeto; hay claridad y lucidez. Al principio esto solo será posible un instante o dos, pero con el tiempo mejora. Hasta el octavo emplazamiento se corre el peligro de desarrollar hundimiento o excitación, y para librarnos de estas interferencias hemos de esforzarnos en mantener ecuanimidad. El nivel de esfuerzo para mantener ecuanimidad va disminuyendo hasta llegar al punto en que la ecuanimidad es espontánea.

NO VIOLENCIA

La no violencia se define como "un factor mental que, por su naturaleza, carece de la intención de perjudicar, y desea que los seres se libren del sufrimiento". Su función es no soportar el dolor ajeno y no perjudicar a los demás.

Si desarrollamos este factor mental abandonamos los actos negativos. La no violencia es la base para proporcionar beneficio a los demás. Para desarrollarla hemos de expandir su objeto de observación: actualmente solo sentimos compasión hacia algunos seres, pero ha de llegar a tener en cuenta a todo el mundo.

La práctica budista se sintetiza en dos puntos vitales: la visión de la relación dependiente y el método –que, entre otras cosas, se refiere a la compasión–.

La no violencia o compasión se divide en tres: la compasión que observa a los seres; la compasión que observa los fenómenos; la compasión que observa lo inobservable.

La compasión que observa a los seres es la compasión que surge cuando observas el dolor ajeno; *la compasión que observa los fenómenos* es la que surge al ver la transitoriedad de los seres; *la compasión que observa lo inobservable* es la que aparece al entender que los seres carecen de esencia sustancial.

La no violencia no se reduce tan solo a no perjudicar a los demás, sino a despertar compasión hacia ellos. La compasión y las intenciones malignas son como fuego y agua. Puesto que la compasión es uno de los elementos más importantes para despertar la bodhichita, es la semilla de la Budeidad.

Aunque estos once factores positivos no aparecen simultáneamente en una mente primaria, podemos clasificar seis ocasiones en las que se combinan:

1. Cuando hay convicción hay fe.
2. Cuando te apartas de lo negativo hay consideración hacia uno mismo y los demás.
3. Cuando te implicas en lo virtuoso hay desapego, no aversión, no ignorancia y esfuerzo.
4. Cuando te liberas del apego por un medio mundano hay flexibilidad.
5. Cuando te liberas del apego por medios no mundanos hay rectitud y ecuanimidad.
6. Cuando beneficias a los demás hay no violencia.

Los factores mentales variables

La razón por la que estos factores mentales se denominan variables es porque, en dependencia de la motivación, pueden transformarse en positivos, negativos o neutros. Son los siguientes:

1. Dormir (tib. *nyid*).
2. Arrepentimiento (tib. *gyo pa*).
3. Investigación (tib. *tog pa*).
4. Análisis (tib. *yo pa*).

DORMIR

El dormir se define como "un factor mental que, sin control alguno, reúne las consciencias sensoriales en tu interior incapacitándote para aprehender el cuerpo". Su función es la de causar la interrupción de toda actividad.

El dormir produce que las consciencias sensoriales se disuelvan en tu interior. Es causado por la comida, el cansancio, la debilidad o la oscuridad. Aunque por su naturaleza dormir sea una actividad neutra, puede transformarse en positiva si antes de dormirte piensas en el amor, la compasión y demás pensamientos virtuosos. Dormir excesivamente incrementa la ignorancia. El dormir no virtuoso ocurre cuando te acuestas influenciado por el apego o el odio. Para evitarlo se deben utilizar la atención y la vigilancia.

ARREPENTIMIENTO

El arrepentimiento se define como "un factor mental que siente incomodidad por actos cometidos en el pasado". Su función es causar inquietud y hacer que surja el remordimiento y la infelicidad mental.

Sentir arrepentimiento por las actividades negativas es un arrepentimiento virtuoso. Arrepentirse de algo positivo es un arrepentimiento negativo. El arrepentimiento neutro sería sentir remordimiento por actividades que no tienen efectos beneficiosos o perjudiciales en los demás. Es preciso usar el arrepentimiento de manera apropiada, tal y como explica Shantideva en el capítulo de la Paciencia en su *Guía*:

> ¿Por qué sentirse infeliz por algo que puede remediarse, y de qué sirve sentirse desgraciado por algo que no tiene remedio?

El momento de sentir arrepentimiento es al crear un acto negativo; una vez recibido su fruto ya es demasiado tarde para arrepentirse. Has de aprender a arrepentirte de los actos negativos pasados antes de que sus efectos maduren. Cuando su efecto aparece es absurdo sentir arrepentimiento por el acto que lo ha provocado. Una vez eres pobre es absurdo que te arrepientas por no haber sido generoso en el pasado; esto hará que te sientas peor: es mejor aceptar pacientemente los frutos negativos y determinarse a no reincidir en la avaricia. Arrepentirse de haber tomado votos o de haber sido generoso es un arrepentimiento negativo.

INVESTIGACION

La investigación se define como "un factor mental que en dependencia de la inteligencia analiza su objeto de manera general". Su función es analizar los aspectos burdos del objeto.

Se puede usar este factor mental para llevar a cabo una investigación aproximada o burda de los temas del Dharma por medio de escuchar y contemplar. Cuando tengamos una idea aproximada podremos analizar con precisión.

ANÁLISIS

El análisis se define como "un factor mental que en dependencia de la inteligencia analiza su objeto de manera detallada". Su función es analizar los aspectos sutiles del objeto.

La diferencia entre la investigación y el análisis está en si se hace de manera burda o sutil. Los dos pueden ser de tres tipos: virtuoso, negativo y neutro. Un ejemplo de la investigación y análisis negativo es examinar, de manera general o precisa, un objeto de apego. La positiva es examinar los aspectos generales y sutiles de la renuncia, la bodhichita o la vacuidad. La investigación y el análisis neutros ocurren cuando investigas una actividad neutra como, por ejemplo, la manera de hacer un edificio. La función del análisis es analizar los aspectos sutiles del objeto.

Tras coger una imagen aproximada por medio de la investigación, podemos proceder a analizar en profundidad cualquier tema –por ejemplo, la vacuidad– y usar dicha comprensión para obtener una percepción directa yóguica a través de la meditación. Al principio, nuestros objetos de meditación son oscuros, una imagen mental borrosa; con el tiempo, y tras una continua meditación, la imagen del objeto se vuelve cada vez más clara, hasta llegar a una percepción directa clarísima con la percepción yóguica. La única manera de transformar nuestra comprensión inicial superficial de un objeto en percepción directa es haciendo uso del análisis y la investigación. Sin estos dos factores nuestra comprensión se quedará en la creencia correcta, la cual no es una mente fiable sino una especie de fe ciega. Hemos de usar estos dos factores mentales para transformar nuestras creencias correctas en conocedores válidos y en percepciones directas yóguicas.

Las escrituras mencionan cinco tipos de obstáculos para el desarrollo de los tres adiestramientos superiores –ética, concentración y sabiduría–, y puesto que todos ellos son factores mentales, la importancia de conocer sus definiciones, funciones y clasificaciones para superarlos no debe ser subestimada. Estos cinco son:

1. El apego.
2. El hundimiento y la torpeza.
3. El dormir y el arrepentimiento.
4. La excitación y la distracción.
5. La duda.

Segunda Parte

Cómo funciona la mente

Diferentes tipos de mente

La segunda parte de este libro pretende ayudarnos a identificar los diferentes tipos de consciencia que generamos, tanto en la vida cotidiana como en la espiritual. Puesto que constituye una introducción al vocabulario conectado con la mente y la divide en base a sus tipos, definiciones y funciones, es como una llave que nos ayuda a conocerla.

Toda vivencia tiene su origen en la calidad de nuestros pensamientos. Todo lo que experimentamos –bueno o malo– es creado por la mente, por ello cuando nos enfrentamos con serias dificultades no es correcto culpar a los demás. En consecuencia, nuestro trabajo es desarrollar buenas cualidades y apartarnos de las malas.

En general, cuando nos relacionamos con el mundo, primero se genera la consciencia sensorial e, inmediatamente después, la consciencia mental. Discernir, nominar y clasificar es función de la consciencia mental. Cuando miramos un programa de televisión, funciona la consciencia visual y la auditiva, pero es la consciencia mental la que nos permite discernir la calidad del programa y hacernos decir: "Es bueno" o "Es aburrido". En dependencia de lo que percibimos surgen diferentes sensaciones y emociones aflictivas. Por ejemplo, si observamos algo bello, generamos sensaciones agradables y apego; si es desagradable, surgirán sensaciones desagradables y aversión. Si lo que vemos es un fenómeno que nos resulta indiferente, despertaremos sensaciones neutras e ignorancia.

Esta parte del texto podría llegar a ser muy compleja si se abordasen los puntos de vista de las cuatro escuelas de principios filosóficos budistas: vaibhashika, sautantrika, chitamatra y madhyamika. Pero he procurado omitir toda complejidad, y exponer únicamente las definiciones y funciones de los estados mentales más importantes y solo a modo de introducción para futuros estudios superiores.

ॐ

El budismo divide los fenómenos en dos: fenómeno existente y fenómeno inexistente. *Objeto de conocimiento, fenómeno existente, base establecida, objeto, cosa* son sinónimos. *Objeto de conocimiento* se define como, "cualquier fenómeno existente que actúa como objeto de la consciencia".

Existen dos tipos de fenómenos: los fenómenos transitorios y los fenómenos estáticos. El fenómeno transitorio se define como "un objeto compuesto por diferentes causas y condiciones". Un fenómeno transitorio o cambiante es aquel que depende de causas y circunstancias y tiene la capacidad de producir un efecto. El fenómeno estático o no cambiante se define como "un objeto que no depende de causas ni puede producir un efecto".

Los fenómenos estáticos pueden ser de dos clases: fenómeno estático temporal y fenómeno estático último. Un ejemplo de un fenómeno estático temporal es el espacio que existe dentro de un recipiente o de una casa; es temporal porque puede verse afectado por diversos cambios, durante el día está iluminado y de noche está oscuro. Un fenómeno estático último no es algo que se pueda percibir con las consciencias sensoriales, es un objeto de la consciencia mental; un ejemplo es el espacio que no es producido o no obstructor (tib. *namkha*), que ha existido desde tiempo sin principio. Por ejemplo, el espacio que es ocupado por los objetos en nuestra habitación. Otro ejemplo de fenómeno estático o permanente sería la vacuidad.

Existen tres tipos de fenómenos transitorios:

1. Forma.
2. Consciencia.
3. Factores composicionales no asociados.

Forma aquí se refiere a los cinco poderes sensoriales, los cinco objetos de los sentidos y las formas no reveladas[5].

La *consciencia* se puede dividir en dos: mentes primarias y mentes secundarias –o factores mentales–, y ya se han explicado en la primera parte del libro.

Los *factores composicionales no asociados* se refiere a todo aquel fenómeno que no es ni consciencia ni forma, como por ejemplo, persona (el yo imputado en dependencia de los agregados), año, mes, tiempo y otros.

---

[5] Solo son objeto de la consciencia mental, por ejemplo los votos.

Objetos y sujetos

Los factores mentales y la mente son "poseedores de objetos" porque perciben sus objetos. El objeto es lo que se comprende y el poseedor de objeto es lo que comprende. Los fenómenos pueden ser objeto y sujeto, y cualquier cosa existente puede actuar como objeto. Algunos objetos solo aparecen ante la mente conceptual, otros solo a la percepción y otros a los dos. Aunque existen diferentes maneras de clasificar los objetos, aquí los dividiremos en cuatro, pero hemos de tener en cuenta que, en este contexto, *objeto* se refiere a cuatro modos en que la mente se relaciona con un objeto y no a cuatro tipos diferentes de objetos:

1. El objeto con el que te implicas, o principal (tib. *jug yul*).
2. El objeto concebido (tib. *zhen yul*).
3. El objeto que aparece (tib. *nang yul*).
4. El objeto aprehendido (tib. *zung yul*).

El objeto que aparece significa aquello que aparece al sujeto. El objeto concebido significa que percibes el objeto a través de esa apariencia; el objeto que aparece se convierte en el objeto concebido por la mente. El objeto que aparece en la mente y el objeto aprehendido son equivalentes en cuanto a su sentido. Si aparecen flores a tus ojos, ellos las aprehenden directamente. Las flores sirven tanto como objeto que aparece como objeto aprehendido. Un fenómeno transitorio es el objeto que aparece a una cognición directa; y una entidad estática es el objeto que aparece a una mente conceptual.

El objeto que aparece y *el objeto aprehendido* son similares, y están presentes tanto en las consciencias sensoriales como en las conceptuales. *El objeto principal* –o con el que te implicas– se usa tanto por la consciencia conceptual como por la no conceptual. *El objeto concebido* solo pertenece a las consciencias conceptuales y se refieren al objeto que una consciencia comprende y con el que se relaciona.

El objeto con el que te implicas en una consciencia visual que percibe el color azul, es el azul; y el objeto con el que te implicas y el que concibes en una consciencia conceptual que piensa en el color azul es el azul.

Puesto que el objeto que aparece a la percepción directa es lo que comprende, *el objeto que aparece, el que aprehende* y *aquello con lo que se implica o objeto principal,* son todos lo mismo.

No obstante, en el caso de las consciencias conceptuales, el objeto principal y el concebido es lo que la consciencia está comprendiendo, es decir el color azul para una mente conceptual que piensa en dicho color; el objeto que aparece y el aprehendido son simplemente la imagen mental del color azul, denominada una generalidad del significado.

Todas las mentes, sean perceptivas o conceptuales, tienen el *objeto que aparece.* Cuando pensamos en un libro, la imagen mental (tib. *donchi*) del libro es el *objeto que aparece* ya que no contactamos directamente con el libro. Por ello todas las consciencias conceptuales son equivocadas, porque confundimos la imagen mental con el objeto en sí. Pero cuando percibimos directamente el libro, este es el *objeto que aparece,* el *objeto aprehendido* y el *objeto con el que nos implicamos.*

☙

Los sujetos o poseedores de objetos pueden ser de tres clases:

1. Sonidos expresivos.
2. Persona.
3. Mente.

LOS SONIDOS EXPRESIVOS

Un poseedor de objetos no ha de ser, necesariamente, una consciencia o una persona. *Sonido expresivo* se define como "un objeto audible que denota lo que articula por medio de un signo".

Las concepciones y los sonidos expresivos se implican con su objeto de manera similar. Por ejemplo, al escuchar la palabra "vaso" surge en nosotros el concepto "vaso", pero este concepto también puede generarse sin oír el sonido.

Existen dos tipos de sonido expresivo: sonido expresivo sostenido por la consciencia y sonido expresivo que no es sostenido por la consciencia. El primero es un sonido coherente que expresa significados; el segundo es un sonido inarticulado, como el viento. Un sonido expresivo que es sostenido por la consciencia puede dividirse en tres:

1. Letras.
2. Nombres.
3. Frases.

LETRAS

La letra se define como "un sonido claro o vocalización que actúa como base para componer nombres y frases".

La letra escrita no es una letra, sino solo su aspecto. En general solemos denominar "letra" a lo que vemos escrito, pero la letra real es su sonido y no el cuerpo o aspecto de la letra.

NOMBRES

Nombre se define como "un objeto audible que expresa principalmente el nombre de cualquier fenómeno". Se puede clasificar en nombre original y nombre adicional.

El nombre original es el nombre que adscribimos a algo o alguien. Es el nombre principal con que se conoce algo o a alguien, por ejemplo "Juan" o "vaso". Es un nombre que se da por la voluntad de quien lo ha imputado y que concuerda con las características del objeto.

El nombre adicional es un término adicional con el que se puede conocer al objeto o persona en cuestión. Puede ser de dos clases: nombre adicional basado en un parecido y nombre adicional basado en la relación. El nombre adicional basado en el parecido sería el apodo con que solemos denominar a personas, animales u objetos debido a características que nos recuerdan otra cosa. Por ejemplo, en ocasiones llamamos "león" a alguien con una nariz chata, u "oso" a alguien muy peludo.

El nombre adicional basado en la relación se puede clasificar en dos: relación natural y relación causal. Por ejemplo un nombre adicional según su relación natural sería cuando al ver quemarse sólo un trozo de vestido decimos "el vestido se quema". Desde el punto de vista de la relación causal sería, por ejemplo, decir de la luz del sol que brilla en un lugar específico: "¡Mira, el sol está allí!".

FRASES

La frase se define como "un objeto audible que conecta una cualidad a su base uniendo un nombre al predicado".

Un grupo de letras forma un término o nombre; un grupo de términos establece una frase, y diferentes frases juntas expresan diferentes significados. Un ejemplo de frase sería: "Todos los fenómenos producidos son transitorios", o "El jarrón es transitorio". El jarrón es la base o sujeto y su cualidad es la de ser transitorio.

PERSONA, YO

La persona se define como "el yo imputado en dependencia de cualquiera de los cinco agregados". *Persona o yo* es un fenómeno transitorio que no es ni mente ni materia. Decimos que la persona es un poseedor de objetos o sujeto porque los seres aprehenden en todo momento un objeto. La persona se clasifica como poseedor de objetos porque su mente puede conocer; y por ello decimos "Él sabe" o "Él entiende".

¿Por qué la persona se clasifica como un poseedor de objetos? Porque aunque la "persona" no perciba las cosas directamente, cuando la consciencia percibe algo se comprende como una función de la persona.

Existen dos tipos de persona: persona ordinaria y persona suprema. La persona ordinaria es aquella que no ha alcanzado el sendero de la visión, que aún no ha comprendido la vacuidad directamente. La persona suprema es aquella que ha comprendido la vacuidad directamente.

MENTE

Como ya se ha mencionado al principio de la primera parte de este libro, la mente se define como "aquello que carece de forma, es claridad y tiene la capacidad de conocer". "Carece de forma" indica que la mente no es un fenómeno material. "Claridad" se refiere a su capacidad de reflejar objetos, como un espejo. Que carece de forma física y que tiene la capacidad de percibir y conocer son las tres características definitorias de la mente. Como ya se ha mencionado, consciencia, mente, cognición y conocedor son sinónimos.

❧

La división de la mente que viene a continuación en siete, en tres y en dos clases es muy importante porque explica los tipos de mente que entran en funcionamiento en nuestra vida diaria.

Cuando vemos, oímos, olemos, saboreamos o tocamos, usamos "percepciones sensoriales". Inmediatamente, los objetos se reflejan brevemente en la consciencia y lo denominamos "percepción mental". Los primeros instantes de dichas percepciones son "válidos", nuevos, pero los instantes posteriores son "no válidos".

Cuando pensamos hacemos uso de las "mentes conceptuales", que conocen sus objetos mediante el uso de "imágenes mentales" –o representaciones de objetos–, lo cual es un modo válido de conocer.

En muchas ocasiones, vemos, oímos, olemos, saboreamos o tocamos cosas y no somos conscientes de ello. Estas son "percepciones inatentas", un tipo de mente no válido.

Cuando asumimos teorías sobre la realidad porque lo hemos escuchado o lo hemos leído, estamos despertando una "consciencia que asume correctamente", que es una mente no válida porque carece de la fuerza de la percepción directa. Es parecida a la fe ciega.

También despertamos "duda" sobre si lo que vemos o pensamos es o no real.

Cuando vemos cosas inexistentes, como un tren que se mueve cuando, en realidad, el que se mueve es el de la vía de al lado, es una "consciencia sensorial errónea". Pensar o creer que los fenómenos son estáticos y con una existencia inherente es producto de una "consciencia errónea conceptual", porque la realidad es que todo es transitorio y carente de dicha existencia.

Conocer estos diferentes tipos de mente es vital ya que nos permite comprender que el desarrollo espiritual es un viaje desde la consciencia errónea a la duda la cual nos puede llevar a la mente inferencial para, después, gracias a la meditación, producir la percepción yóguica que dé paso a las experiencias del Dharma necesarias para desenraizar la raíz del dolor.

Las definiciones y descripciones que aparecen a continuación pueden parecer complejas, pero en realidad aluden a estados mentales que usamos a cada instante de nuestras vidas. Hemos de pensar profundamente en dichas descripciones e irlas identificando.

Siete tipos de mente

La mente puede clasificarse en mente válida (tib. *sema*; skt. *pramana*) y mente no válida (tib. *sema ma yin*). La mente válida se define como "un conocedor nuevo e incontrovertible". La definición de mente no válida es "un conocedor que ni es nuevo ni incontrovertible". Además de mente válida, podemos también referirnos a persona válida y palabra válida. Buda es una persona válida porque es un refugio perfecto. Su palabra es válida porque carece de error.

De los siete tipos de mente con que nos relacionamos con el mundo, dos son válidos y cinco no válidos. Los dos tipos de mentes válidas son:

1. Percepción directa.
2. Percepción inferencial.

La percepción directa válida es no conceptual, y la percepción inferencial es conceptual.

Los cinco tipos de mente no válida son:

1. Percepción subsiguiente.
2. Consciencia que asume correctamente.
3. Percepción inatenta.
4. Duda.
5. Consciencia errónea.

Los siete tipos de mente pueden dividirse en conceptuales y no conceptuales. Las mentes no conceptuales se refieren a las percepciones visuales, auditivas, olfativas, gustativas, del tacto y ciertas percepciones directas mentales. Las mentes conceptuales se refieren a cualquier cognición mental que no contempla sus objetos de manera directa –por ejemplo, pensar en París, en nuestros amigos, recordar el pasado, etc.–, sino por medio de una imagen mental. Mediante la explicación de cada una de ellas tendremos un mapa con que regirnos para comprender el funcionamiento básico de la mente y cómo se puede usar para llevarnos a la Iluminación.

Percepción directa

La percepción directa válida se define como "un conocedor libre de conceptualidad, nuevo e incontrovertible". El objeto que aprehende la percepción directa es incontrovertible, es decir, no erróneo. Por ejemplo, la mera percepción visual de una mesa. Percibir una montaña nevada de color azul o un conejo con cuernos no son ejemplos de percepción directa válida, sino de percepción o consciencia errónea, porque el objeto de dicha mente es un fenómeno inexistente.

La palabra "nuevo" en la definición descarta que la percepción subsiguiente sea una consciencia válida. La palabra "incontrovertible" elimina que la consciencia que asume correctamente sea válida. La palabra "conocedor" descarta que los poderes sensoriales puedan ser conocedores válidos. Aunque la escuela Sautrantika menciona cuatro tipos de percepciones directas, para facilitar el estudio solo mencionaremos tres:

1. Percepción sensorial.
2. Percepción mental.
3. Percepción yóguica.

PERCEPCIÓN SENSORIAL

La percepción sensorial se define como "un conocedor libre de conceptualidad, incontrovertible, producido gracias a su propia condición dominante específica: un poder sensorial físico". Puesto que hay cinco tipos de poderes sensoriales existen cinco percepciones directas con cinco objetos respectivos:

1. Percepción sensorial que aprehende formas.
2. Percepción sensorial que aprehende sonidos.
3. Percepción sensorial que aprehende olores.
4. Percepción sensorial que aprehende sabores.
5. Percepción sensorial que aprehende objetos del tacto.

PERCEPCIÓN SENSORIAL QUE APREHENDE FORMAS

La percepción sensorial que aprehende formas se define como "un conocedor libre de conceptualidad, incontrovertible, producido gracias a su condición dominante específica, el poder sensorial visual, y el objeto observado, una forma".

Aunque la definición resulta compleja, dicha percepción se refiere a un fenómeno familiar para nosotros como, por ejemplo, la consciencia visual que percibe una mesa. Para que se genere se requieren tres ingredientes: la mesa, el poder sensorial visual y la consciencia. La unión de estos tres factores hace posible generar la percepción de la mesa. La mesa es el objeto focal de la consciencia visual. El poder sensorial es una materia sutil que existe en el ojo y que tiene la capacidad de provocar la visión de objetos. Para ver un programa de TV, el poder sensorial visual debe aprehender las formas en la pantalla; si este poder no funciona, no se podrá generar consciencia visual alguna.

La razón por la que en la definición se menciona "su condición dominante específica" es porque la consciencia visual sólo se puede generar en dependencia del poder sensorial visual. La percepción visual es la que contacta con formas o colores, y aspectos como alto y bajo, largo y corto, liso y desnivelado, o cuadrado y redondo.

PERCEPCIÓN SENSORIAL QUE APREHENDE SONIDOS

La percepción sensorial que aprehende sonidos se define como "un conocedor libre de conceptualidad e incontrovertible, producido gracias a su condición dominante específica, el poder sensorial auditivo, y la condición del objeto observado, un sonido". Un ejemplo sería escuchar las noticias en la radio. El poder sensorial real reside en el interior de la oreja, y si este poder es perjudicado, no podremos oír.

PERCEPCIÓN SENSORIAL QUE APREHENDE OLORES

La percepción sensorial que aprehende olores se define como "un conocedor libre de conceptualidad e incontrovertible, producido gracias a su condición dominante específica, el poder sensorial olfativo, y la condición del objeto observado, un olor". Un ejemplo sería oler un perfume.

PERCEPCIÓN SENSORIAL QUE APREHENDE SABORES

La percepción sensorial que aprehende sabores se define como "un conocedor libre de conceptualidad e incontrovertible, producido gracias a su condición dominante específica, el poder sensorial gustativo, y la condición del objeto observado, un sabor". Un ejemplo sería probar el sabor de algo.

El sabor de algo sólo puede ser experimentado por la consciencia gustativa, y no por las restantes. El sabor experimentado nunca puede ser descrito con palabras: podemos decir que es dulce o salado, pero esto nunca será la experiencia. La consciencia gustativa es la que tiene la experiencia directa; las palabras solo proporcionan una imagen general de dicho sabor. Lo mismo se puede aplicar al resto de consciencias: podemos ver u oír con la consciencia respectiva, pero lo que se expresa nunca es la experiencia en sí.

PERCEPCIÓN SENSORIAL QUE APREHENDE UN OBJETO DEL TACTO

La percepción sensorial que aprehende un objeto tangible se define como "un conocedor libre de conceptualidad e incontrovertible, producido gracias a su condición dominante específica, el poder sensorial corporal, y la condición del objeto observado, un objeto tangible".

La percepción directa puede dividirse en tres:

1. Percepción válida.
2. Percepción subsiguiente.
3. Percepción inatenta.

El primer instante de cualquier percepción directa es válido porque experimenta su objeto de manera nueva, fresca; el segundo instante de esa misma percepción es lo que se denomina percepción subsiguiente: se trata de una percepción no válida porque no percibe su objeto de manera nueva, sino gracias a la percepción inicial. La percepción inatenta sucede cuando, por ejemplo, uno está absorto escuchando una hermosa canción y aunque aparece una forma visual no la nota.

PERCEPCIÓN MENTAL

La percepción mental se define como "un conocedor libre de conceptualidad e incontrovertible, producido gracias a su condición dominante específica: el poder mental".

Una percepción directa mental no depende de poder sensorial alguno. Su condición dominante no es visible, es el propio poder mental. La percepción mental puede ser de cinco clases:

1. Percepción mental que aprehende formas.
2. Percepción mental que aprehende sonidos.
3. Percepción mental que aprehende sabores.
4. Percepción mental que aprehende olores.
5. Percepción mental que aprehende objetos del tacto.

A su vez, pueden agruparse en tres categorías:

1. Percepción mental inducida por la percepción sensorial.
2. Percepción mental inducida por la meditación.
3. Percepción mental que no es ni lo uno ni lo otro.

La percepción mental inducida por la percepción sensorial se refiere a una consciencia que ocurre tras la generación de cualquier percepción directa sensorial. Por ejemplo, cuando miramos la televisión, a cada visión le sucede una percepción mental del objeto de dicha visión y que sólo dura un instante muy breve antes de transformarse en concepción. Debido a su brevedad no somos conscientes de ello. Es una percepción siempre inatenta, y por esta razón este tipo de percepciones mentales son un objeto de conocimiento escondido. El tipo más común de percepción mental para un ser ordinario es el inducido por las cinco percepciones sensoriales: ver, oír, oler, saborear y tocar.

La percepción mental inducida por la meditación se refiere a las cinco clarividencias.

La percepción mental que no es ni lo uno ni lo otro se refiere a las clarividencias que puede tener un ser del bardo, que a pesar de no tener poderes sensoriales, tiene el poder sensorial mental. Dichas percepciones no han sido inducidas por las percepciones sensoriales ni por la meditación, sino por la fuerza del karma.

PERCEPCIÓN YÓGUICA

La percepción yóguica se define como "un conocedor no conceptual supremo e incontrovertible en el continuo mental de un Arya, y que es producido por la estabilización meditativa que es su condición dominante específica: la unión de la permanencia apacible y la visión superior".

La transitoriedad burda puede ser percibida directamente incluso por seres ordinarios como nosotros: ser testigo de la muerte de alguien, ver cómo aumentan las canas, las arrugas en el rostro o cómo se pierde el pelo. Sin embargo, no podemos percibir la transitoriedad sutil, el cambio momento a momento. Cuando una cosa empieza a existir, un instante después ya es más vieja y su instante previo ha dejado de existir. La naturaleza de la producción lleva consigo la desintegración En este sentido, se puede asegurar que todos los fenómenos compuestos son siempre nuevos.

La transitoriedad sutil puede ser objeto de una percepción yóguica. Este cambio tan sutil sólo puede ser percibido directamente por un Arya; para nosotros es un fenómeno escondido porque no lo podemos percibir. Desde el punto de vista de una persona ordinaria, lo que se puede percibir directamente es un objeto manifiesto, mientras que lo que requiere de una razón para ser entendido o aprehendido es un objeto escondido.

Este proceso perceptivo consiste en, primeramente, escuchar enseñanzas sobre el tema que queremos conocer y estudiarlo. A continuación nos familiarizamos con su significado. Por último, meditamos hasta llegar a tener una experiencia directa y no conceptual de ello. Como principiantes en el Dharma, meditamos en el *Lam Rim* y en el

Lo Yong con el objetivo de mejorar estas meditaciones hasta percibir sus objetos directamente.

La percepción yóguica solo está presente en el continuo mental de un Arya. Un Arya no tiene percepciones inatentas y cuando percibe un objeto es consciente de ello. Nosotros, en cambio, podemos no determinar cosas que aparecen en la mente. Un Buda es superior a un Arya porque no tiene conocedores subsiguientes, sino sólo percepciones directas válidas.

Podemos clasificar las percepciones directas yóguicas en tres:

1. Percepción yóguica que comprende la transitoriedad sutil.
2. Percepción yóguica que comprende la ausencia de existencia intrínseca del yo.
3. Percepción yóguica que comprende la ausencia de existencia intrínseca de los fenómenos.

En este contexto, la palabra "comprende" se refiere a "percepción directa". Entender la naturaleza de la percepción yóguica nos ayuda a ver que todos los objetos de conocimiento que no podemos comprender o percibir en la actualidad se volverán evidentes gracias al adiestramiento meditativo.

Todos los seres, excluyendo los Budas, tienen consciencias equivocadas y erróneas. Pero, por medio del adiestramiento en los senderos yóguicos, al llegar a la Budeidad todo se percibe directamente, tal y como existe. A medida que se generan consciencias correctas se abandonan de manera definitiva las erróneas. Según el budismo, un fenómeno existente es todo aquel que puede ser contactado por una percepción válida. Un conejo con cuernos es el objeto de una consciencia errónea y, en consecuencia, es un fenómeno inexistente. Lo mismo ocurre con fenómenos como el yo intrínseco o un ser creador.

Percepción inferencial

Todos los fenómenos que existen en el universo se pueden clasificar en tres categorías: evidentes, ocultos y muy ocultos. Con la percepción directa contactamos con los fenómenos evidentes, y con la percepción inferencial con los ocultos y muy ocultos. Hay dos modos de percibir o comprender la realidad: de manera directa o a través de la inferencia. Como se ha visto en la sección previa, una percepción directa experimenta o conoce su objeto sin apoyarse en razón alguna, mientras que una inferencia lo hace apoyándose en una razón lógica. Una inferencia es una consciencia conceptual que comprende cosas que, inicialmente, no pueden ser comprendidas por medio de la percepción directa. Esto incluiría fenómenos como la vacuidad, la reencarnación, la transitoriedad sutil, aspectos burdos y sutiles de la ley de causa y efecto y otros; por lo tanto, es importante conocer este tipo de mente porque es la que precisamos despertar para llegar a experimentar todos los temas de Dharma que en la actualidad no son perceptibles. En realidad, es el tipo de mente que se despierta en las meditaciones del *Lam Rim*.

La percepción inferencial se define como "un conocedor conceptual que en dependencia de su base, un signo correcto, comprende de manera incontrovertible su objeto: un objeto oculto". La definición es compleja, pero su sentido es simple: nos indica que la inferencia es conceptual, que surge en dependencia de un signo o razón, lo cual nos ayuda a despertar una comprensión de algo que no es evidente a los sentidos.

Un ejemplo de una percepción inferencial válida es comprender que el sonido es transitorio usando un signo correcto como: "El sonido es transitorio porque es producido". Apoyándonos en esta razón se despierta la comprensión conceptual de que el sonido es transitorio.

Si a la definición de percepción inferencial se añade la palabra "nueva" nos indica que es un conocedor inferencial válido; sin ella se refiere simplemente a un conocedor inferencial porque el segundo instante de esta comprensión ya es una percepción inferencial subsiguiente y no válida.

La percepción deductiva puede ser de tres clases, y la segunda no es tan importante en el camino a la liberación como la primera y la tercera:

1. Inferencia basada en el poder del hecho.
2. Inferencia basada en el reconocimiento.
3. Inferencia basada en la creencia.

INFERENCIA BASADA EN EL PODER DEL HECHO

La inferencia basada en el poder del hecho se define como "un conocedor conceptual que, en dependencia de su base —un signo correcto que se basa en el poder del hecho— es incontrovertible con relación al objeto que comprende: un fenómeno ligeramente oculto".

Un ejemplo tradicional que se usa para comprender este tipo de deducción es despertar la comprensión de que hay fuego en un lugar específico al ver el humo. El fuego en este ejemplo es un objeto escondido, no lo vemos directamente, pero al ver el humo se puede asegurar de modo incontrovertible la presencia del fuego.

El signo basado en el poder del hecho se denomina también "signo del resultado" porque se usa el resultado como razón para entender su causa. En este ejemplo, viendo el resultado —el humo— comprendemos lo que no vemos, su causa, que es la presencia del fuego.

Este es el tipo de deducción que nos permite acceder a la comprensión de objetos de conocimiento ocultos como la existencia de las vidas pasadas y futuras, la transitoriedad sutil o la vacuidad.

INFERENCIA BASADA EN EL PODER DEL RECONOCIMIENTO

La inferencia basada en el poder del reconocimiento se define como "un conocedor conceptual que en dependencia de su base, un signo correcto basado en el reconocimiento, es incontrovertible con respecto a su objeto de conocimiento: una adecuabilidad terminológica".

El signo aquí debe estar basado en el reconocimiento público. Este tipo de deducción surge al usar una razón o término que es conocido y aceptado por los demás.

Para ilustrar este tipo de ejemplo los textos clásicos señalan que en el Tíbet la gente denomina a la luna "El poseedor del conejo", pero en España o en Francia se la puede denominar de otra manera. Puesto que es un objeto de la concepción, la luna puede recibir muchos nombres. Las cosas pueden denominarse usando diferentes nombres porque nada existe por su propio lado, sino en dependencia de la etiqueta que se le imputa.

Una deducción por el poder del reconocimiento es una consciencia que comprende que es adecuado expresar un objeto con un término sencillamente porque existe como objeto del pensamiento.

INFERENCIA BASADA EN EL PODER DE LA CREENCIA

La inferencia basada en el poder de la creencia se define como "un conocedor conceptual que en dependencia de su base, un signo correcto de creencia, es incontrovertible con respecto a su objeto de comprensión: un fenómeno muy oculto".

Una escritura budista señala que si uno es generoso será rico y si practica la ética obtendrá un renacimiento superior. Para un budista esta afirmación es incontrovertible porque surge de una escritura certificada por los tres análisis siguientes:

1. La escritura no es contradicha por la percepción directa.
2. La escritura no es contradicha por la inferencia por el poder del hecho.
3. La escritura no es contradicha por la inferencia por el poder de la creencia.

Las escrituras que citan objetos ocultos como el vacío o la transitoriedad sutil o los aspectos burdos del karma no pueden ser contradichas por la percepción inferencial a través del poder del hecho; las escrituras que citan significados muy ocultos, como los aspectos sutiles y muy sutiles del karma, no son contradichas por la percepción inferencial por el poder de la creencia. Cuando una persona de confianza nos asegura que encontraremos una pepita de oro en un lugar específico, sabemos que no miente y, aunque no veamos directamente el oro, deducimos válidamente que el oro está allí. Esto sería un ejemplo de una deducción a través del poder de la creencia.

Las escrituras budistas son válidas porque si se analizan por medio de estos tres puntos es imposible encontrar error alguno en ellas. Cuanto más se analizan las enseñanzas de Buda más claras se vuelven y más se entiende que son incontrovertibles.

Mentes no válidas

La mente no válida se define como "un conocedor que no es nuevo ni incontrovertible". Las mentes no válidas son las cinco siguientes:

1. Percepción subsiguiente.
2. Consciencia que asume correctamente.
3. Percepción inatenta.
4. Duda.
5. Consciencia errónea.

Percepción subsiguiente

La percepción subsiguiente se define como "un conocedor no válido que comprende lo que ya ha sido comprendido por el conocedor válido previo".

El primer instante de cualquier percepción directa nos conecta con el objeto por la fuerza de la experiencia misma y el primer instante de una inferencia surge en dependencia de un signo, pero los momentos posteriores de ambas percepciones no se apoyan ni en la experiencia ni en el signo, sino que son inducidos por la fuerza del primer instante de cognición, por ello son percepciones subsiguientes y mentes no válidas.

Una percepción subsiguiente es aquella que no pierde la funcionalidad de lo que ya ha sido comprendido previamente. Hay que enfatizar que "no válida" en este contexto no significa que lo que veamos no sea real o que se trate de un estado mental negativo. Podemos mencionar dos tipos de percepciones subsiguientes:

1. Percepción directa subsiguiente.
2. Percepción conceptual subsiguiente.

PERCEPCIÓN DIRECTA SUBSIGUIENTE

La percepción directa subsiguiente se refiere a los momentos posteriores de cualquier percepción directa sensorial, mental o yóguica.

El momento inicial de una consciencia visual que percibe una mesa es una percepción directa, una mente válida; el segundo instante de esa misma consciencia es una percepción subsiguiente sensorial, porque aprehende lo que ya ha sido percibido. Los momentos posteriores a la percepción visual inicial de la mesa, pues, son un ejemplo de percepción sensorial subsiguiente.

Una percepción subsiguiente mental es el segundo instante de percepción mental en el continuo de un Arya que aprehende una forma, un sonido, etc.

El segundo instante de consciencia en el continuo de un Arya que observa la vacuidad es un conocedor subsiguiente yóguico. Sin embargo, no toda percepción yóguica es una percepción subsiguiente, ya que el segundo instante de la mente omnisciente de un Buda es una mente válida porque todo lo percibe o comprende de manera nueva.

PERCEPCIÓN CONCEPTUAL SUBSIGUIENTE

La percepción conceptual subsiguiente puede ser de dos clases: la inducida por la percepción directa y la inducida por la mente inferencial. Un ejemplo de la primera sería el segundo instante de una consciencia que percibe una mesa, pues de manera subsiguiente a esta percepción sensorial surge el pensamiento: "He visto la mesa".

Un ejemplo de la segunda sería el segundo instante de una percepción inferencial que comprende la transitoriedad del sonido.

Consciencia que asume correctamente

La consciencia que asume correctamente se define como "un conocedor conceptual de acuerdo con la realidad pero que concibe su objeto de manera inexacta". Se puede traducir también como "creencia correcta"; y también es lo que muchos denominarían "fe ciega".

Puesto que esta consciencia, la creencia correcta, no surge ni de la experiencia directa ni de un signo lógico, es inexacta. Se elimina así la posibilidad de que sea una percepción directa o una inferencia. Puesto que es un conocedor "de acuerdo con la realidad", es decir, que no se equivoca con respecto al objeto con el que se implica, en cierto sentido es una mente correcta, pero carece de la fuerza de la percepción yóguica o de la inferencia.

No obstante, al ser una concepción que está de acuerdo con la realidad —es decir, es incontrovertible con respecto al objeto con el que se implica— se elimina la posibilidad de que sea una consciencia errónea. No es inestable como la duda, ya que no tiene dudas en relación a su objeto.

Si escuchamos a un Maestro hablar sobre la transitoriedad sutil, rápidamente puede convencernos. En este caso lo que aceptamos es correcto, ya que en realidad todo es transitorio; sin embargo éste no es un conocimiento incontrovertible porque carecemos de experiencia interior sobre su validez: no tenemos ni una experiencia directa ni deductiva de que los fenómenos son transitorios. Esta consciencia acepta características particulares de un objeto de conocimiento sin comprender muy bien el por qué.

La práctica espiritual en la que estamos implicados, en realidad, podría no ir más allá de este tipo de consciencia débil, ya que nuestras convicciones espirituales actuales no surgen ni de la meditación ni de la deducción. Pero haciendo uso de esta consciencia que asume correctamente es posible generar deducciones correctas y, a través de la meditación, obtener percepciones yóguicas, lo cual nos conduce a la Iluminación. Podemos diferenciar cinco tipos de creencia correcta:

1. Creencia correcta que no se apoya en razón alguna.
2. Creencia correcta que se apoya en una razón contradictoria.
3. Creencia correcta que no averigua la razón.
4. Creencia correcta que se basa en una razón inexistente.
5. Creencia correcta que se basa en una razón no establecida.

CREENCIA CORRECTA QUE NO SE APOYA EN RAZÓN ALGUNA

La creencia correcta que no se apoya en razón alguna acepta, por ejemplo, que el sonido es transitorio sin basarse en lógica alguna. La creencia es correcta, pero se apoya únicamente en lo que uno ha escuchado, en consecuencia, no tiene mucho poder para transformar la mente.

CREENCIA CORRECTA QUE SE APOYA EN UNA RAZÓN CONTRADICTORIA

La creencia correcta que se apoya en una razón contradictoria es la que cree, por ejemplo, que el sonido es transitorio porque carece de función. Esta creencia es válida porque acepta que el sonido es transitorio, pero la razón en la que se apoya para aceptarlo es contradictoria porque el sonido necesariamente debe tener una función. Sostener que el sonido es transitorio porque carece de función alguna es incorrecto.

CREENCIA CORRECTA QUE NO AVERIGUA LA RAZÓN

Creencia correcta que no averigua la razón es creer, por ejemplo, que el sonido es transitorio porque es un objeto de conocimiento. La razón aquí es indefinida porque no todos los objetos de conocimiento son transitorios: hay objetos transitorios, como un coche, y hay objetos no cambiantes, como el espacio o la vacuidad. El sonido es un objeto y es transitorio. Que algo sea un objeto existente no implica que tenga que ser transitorio. Pero, aunque la razón no es válida, uno asume correctamente que el sonido es transitorio.

CREENCIA CORRECTA QUE SE BASA EN UNA RAZÓN INEXISTENTE

La creencia correcta basada en una razón inexistente es creer, por ejemplo, que el sonido es transitorio porque es un objeto de la consciencia visual. Esta razón es absurda porque el sonido es un objeto de la consciencia auditiva.

CREENCIA CORRECTA BASADA EN UNA RAZÓN NO ESTABLECIDA

La creencia correcta basada en una razón no establecida es creer en algo en base a razones que no comprendemos.

Desconocemos que el sonido es un producto y, como tal, transitorio; desconocemos que si algo es un producto, ha de ser, necesariamente, transitorio. Pensar que el sonido es transitorio porque es producido es una razón válida, pero uno ni ha establecido ni entendido su razón.

∾

La consciencia que asume correctamente cree en cosas sin razón alguna. Pero si, movida por el interés, se apoya en un signo correcto, dicha consciencia se puede transformar en una inferencia, de ahí que aunque sea un tipo de mente no válido pueda transformarse en válido por medio del esfuerzo. Un ejemplo de una consciencia que asume correctamente sería concebir que en un país concreto existe tal o cual cosa porque lo hemos oído de alguien: uno sencillamente asume que existe, sin haberlo visto.

Como principiantes, las ideas o convicciones que tenemos de las enseñanzas de Dharma se denominan un "significado que surge a través de asumir correctamente". Como se ha mencionado, el practicante ha de usar este significado e intentar transformarlo en inferencias. Gradualmente se experimentará de modo directo a través de la percepción yóguica.

Percepción inatenta

La percepción inatenta se define como "un conocedor al que aparece claramente el fenómeno específicamente caracterizado, que es el objeto con el que se implica, pero que es incapaz de inducir atención con respecto a ello". De nuevo, aunque la definición parece extraña se refiere a un tipo de mente habitual en que el objeto aparece pero, al no prestarle atención, ni se comprende ni se experimenta claramente. Aparece un objeto sin que uno sea consciente de él. Las percepciones inatentas más importantes son:

1. Percepción sensorial inatenta.
2. Percepción mental inatenta.

PERCEPCIÓN SENSORIAL INATENTA

La percepción sensorial inatenta ocurre al tener una percepción de algo pero no ser conscientes de ello. Por ejemplo, estar muy absortos mirando un programa de televisión y no percatarnos de lo que alguien nos pueda estar hablando. Del mismo modo, si escuchamos una bella melodía podemos no advertir que alguien ha entrado en la habitación a pesar de verlo.

PERCEPCIÓN MENTAL INATENTA

La percepción mental inatenta se refiere a la percepción mental que aprehende una forma, un sabor, un sonido o un olor en el continuo de un ser ordinario, pero que no puede ser determinado debido a su breve duración.

No hay percepción directa yóguica inatenta porque la percepción yóguica es aquella en el continuo mental de los practicantes que se encuentran en el sendero de la visión, de la meditación y de no más aprendizaje y todo lo que aparece ante su consciencia es percibido. Las percepciones inatentas sólo están presentes en el continuo mental de seres ordinarios.

Duda

La duda se define como "un conocedor que, por su propia fuerza, oscila entre dos alternativas en lo que respecta a su objeto". Hay tres clases de duda:

1. Duda que tiende hacia lo correcto.
2. Duda que tiende hacia lo incorrecto.
3. Duda equilibrada.

DUDA QUE TIENDE HACIA LO CORRECTO

Este tipo de duda es muy valioso. La duda que tiende hacia lo correcto es aquella que, por ejemplo, al preguntarnos si el sonido es transitorio o estático, nos lleva a concluir que probablemente sea transitorio. Si investigamos por qué es transitorio empezaremos a dirigirnos hacia la inferencia, la cual podrá conducirnos hacia la percepción yóguica.

DUDA QUE TIENDE HACIA LO INCORRECTO

La duda que tiende hacia lo incorrecto es aquella que, tras preguntarnos si el sonido es transitorio o estático, nos lleva a decidir que posiblemente sea estático. Este tipo de duda es negativo y obstruye el sendero hacia la Iluminación.

DUDA EQUILIBRADA

La duda equilibrada es pensar: "¿Será el sonido estático o transitorio?"

No todas las dudas son necesariamente la emoción aflictiva de la duda. Podemos tener dudas como: "¿Será José o Manuel?"; "¿Es un arbusto o un hombre?" La duda que es una de las seis emociones aflictivas raíz es necesariamente una emoción aflictiva. Sin embargo, dudar sobre si los fenómenos son o no carentes de autoexistencia no es una emoción aflictiva. Aryadeva, en sus *Cuatrocientos,* dijo que la persona con poca fortuna no genera ni la menor duda acerca de la naturaleza vacua de los fenómenos, pero si la genera ya empieza a destrozar la raíz del samsara.

La duda que tiende hacia lo positivo es la sustancia de trabajo para despertar las inferencias.

Consciencia errónea

La consciencia errónea se define como "un conocedor que aprehende su objeto de manera errónea" Este tipo de cognición percibe o concibe su objeto de modo totalmente erróneo. Es una consciencia que entiende o se relaciona con su objeto de manera totalmente incorrecta. Ante la consciencia conceptual que aprehende un conejo con cuernos aparece la imagen mental de un conejo con cuernos, pero este no existe. Del mismo modo podemos generar la imagen mental de un yo inherente, cuando la realidad es que un fenómeno inherente no existe en absoluto.

Existen dos tipos de consciencia errónea: la conceptual y la no conceptual. La consciencia errónea conceptual es una concepción que no está de acuerdo con la realidad. Ejemplos de ella serían concebir que el yo es estático, que los fenómenos existen de modo inherente o que existen los conejos con cuernos.

Percibir una luna doble o una montaña nevada de color azul son ejemplos de una consciencia errónea no conceptual. La actividad onírica es producto de una consciencia mental conceptual y errónea porque en un sueño no hay formas físicas.

Hay diferentes causas responsables de que una consciencia sea errónea, y la peor es la producida por una causa última de error: el aferramiento a la existencia inherente. El objeto principal de la consciencia errónea que se aferra a la existencia inherente es un fenómeno inexistente.

La percepción directa, la inferencial y la subsiguiente son consciencias que comprenden su objeto; el resto no realizan su objeto. Se enumeran bajo estas siete divisiones para conocer los diferentes tipos de consciencias de manera resumida, pero no todas las consciencias están incluidas en estas siete; por ejemplo, la bodhichita y la gran compasión son tipos de consciencia que surgen de la meditación.

De los siete tipos de mente, las percepciones directas y las inatentas son siempre no conceptuales. La percepción subsiguiente y la consciencia errónea pueden ser conceptuales y no conceptuales. Las percepciones inferenciales, la duda y la creencia correcta son siempre conceptuales.

División de la mente
en tres categorías

Otra manera de resumir estos siete tipos de mente mencionados es presentarlos en tres grandes categorías:

1. Consciencia conceptual que tiene como objeto una generalidad del significado.
2. Consciencia no conceptual y no equivocada que tiene como objeto un fenómeno específicamente caracterizado.
3. Consciencia no conceptual errónea que tiene como objeto un fenómeno inexistente.

La consciencia conceptual que tiene como objeto una generalidad del significado es sinónimo de mente conceptual. Su definición es la misma que la de mente conceptual: "Un conocedor que aprehende sus objetos a través de una imagen genérica".

La imagen mental o representación del objeto que aparece en toda consciencia conceptual se denomina "generalidad del significado". La generalidad del significado o imagen de un coche que aparece a una consciencia conceptual no es el coche externo, sino tan solo una imagen general del fenómeno "coche". Podemos mencionar dos tipos de representación del objeto o imagen mental:

1. Generalidad del significado.
2. Generalidad del sonido.

Generalidad del significado (tib. *ton chi*). Es la representación del objeto que aparece en la mente cuando estamos familiarizados con un objeto y pensamos en él. Por ejemplo, pensar en nuestro bolígrafo, en nuestros padres, en nuestro hijo o hija, en nuestra esposa, en la calle o en la casa donde vivimos, en aquel país extranjero que visitamos de jóvenes… Lo que aparece en la concepción es una imagen del objeto, no el objeto en sí, y en este sentido se dice que es una consciencia equivocada.

Generalidad del sonido (tib. *dran chi*). Cuando alguien nos habla de Nueva York y nunca hemos estado allí, en dependencia de una descripción oral nos formamos una imagen de dicha ciudad. Si, por ejemplo, nunca hemos estado en la isla griega de Creta y alguien nos la describe surge un *dran chi* o generalidad del sonido en nuestra mente. Si nos vamos de viaje para conocerla, cuando regresamos a España y oímos hablar de Creta, nos formamos una imagen mental de ella mezclando la imagen general del sonido y la del significado. De ahí la complejidad de la definición "aprehende como adecuada para ser mezcladas".

La consciencia no conceptual y no equivocada que tiene como objeto un fenómeno específicamente caracterizado es sinónimo de percepción directa, que ya se ha explicado en la sección de los tres tipos de percepciones directas. Se define como: "Una consciencia libre de conceptualidad, nueva e incontrovertible".

En la escuela Sautantrika, "fenómeno específicamente caracterizado" alude a cualquier fenómeno transitorio. Para esta escuela, cualquier fenómeno transitorio es adecuado para ser el objeto que aparece ante una percepción directa, mientras que un fenómeno estático —en cambio— sólo puede aparecer a la concepción. El término "fenómeno específicamente caracterizado" da a entender que, a diferencia de los fenómenos estáticos, que son meras imputaciones del pensamiento, las cosas transitorias tienen su propia característica específica que puede aparecer ante una percepción directa.

La consciencia no conceptual errónea que tiene como objeto un fenómeno inexistente es sinónimo de las consciencias no conceptuales erróneas. Se define como "un conocedor que es erróneo con relación al objeto con que se implica". Este tercer tipo de mente percibe algo claramente, sin apoyarse en una imagen mental, pero lo que aparece no es un fenómeno específicamente caracterizado. Un ejemplo de ello sería ver una montaña nevada de color azul, que es algo del todo inexistente.

División de la mente en seis grupos con dos tipos de mente en cada uno

La consciencia puede dividirse también en seis grupos con dos tipos de mente en cada uno:

1. Mente válida y no válida.
2. Mente conceptual y no conceptual.
3. Mente equivocada y no equivocada.
4. Consciencia sensorial y mental.
5. Consciencia que es un implicador que elimina y consciencia que es un implicador que reúne.
6. Mente y factores mentales.

MENTE VÁLIDA

La mente válida se define como "un conocedor nuevo e incontrovertible". En el contexto de las percepciones se refiere a la comprensión inicial de un objeto.

Dharmakirti dividió las mentes válidas en dos porque existen dos objetos de comprensión: los fenómenos específicamente caracterizados y los fenómenos generalmente caracterizados. Los primeros se refieren a todos los fenómenos transitorios; los segundos aluden a los fenómenos estáticos o no cambiantes. Los primeros son aprehendidos por la percepción directa válida y los segundos por la percepción inferencial.

MENTE NO VÁLIDA

La mente no válida se define como "un conocedor que no es nuevo ni incontrovertible".

Tanto las mentes válidas como las no válidas ya se han mencionado en la división de la mente en siete clases.

MENTE CONCEPTUAL

La mente conceptual se define como "un conocedor concebido que aprehende su objeto mediante una imagen genérica". Toda consciencia conceptual es equivocada o está confundida con relación al objeto que se le aparece, porque lo toma como el objeto en sí. Se puede dividir en tres:

1. Consciencia conceptual que aprehende la generalidad del sonido.
2. Consciencia conceptual que aprehende la generalidad del significado.
3. Consciencia conceptual que aprehende las dos generalidades.

Hacemos uso de estos tres tipos de mente a diario. Para explicar las diferencias entre las tres usaremos el ejemplo de un coche. "Coche" es el nombre que se da a algo que tiene ruedas, chasis, motor, batería y que sirve para transportarnos. Esta definición es una generalidad del significado. Es posible conocer la generalidad del significado de "coche" —un objeto con ruedas que tiene un motor y sirve para transportar gente—, pero desconocer la generalidad del sonido, o viceversa. La concepción con los dos tipos de generalidad ocurre cuando aparece la imagen mental de ambos.

Para generar una concepción no es imprescindible que aparezcan las dos generalidades. Por ejemplo, cuando te hablan de "Nicole Kidman" despiertas la generalidad del sonido de esta famosa actriz; aunque nunca la hayas visto en persona o en la pantalla, conoces su nombre y que se trata de una actriz. La generalidad del significado "Nicole Kidman" acontece en quien la conoce o la ha visto en la pantalla. Has generado una imagen mental de ella y no solo la de su nombre.

Las mentes conceptuales pueden clasificarse en dos:

1. Mente conceptual que concuerda con el hecho.
2. Mente conceptual que no concuerda con el hecho.

Las mentes conceptuales que concuerdan con el hecho son las percepciones inferenciales válidas, las subsiguientes y las que no son ni lo uno ni lo otro. Un ejemplo de la primera sería el primer instante de una mente inferencial; la segunda sería los instantes posteriores de esta inferencia; la tercera sería una creencia correcta.

Las mentes conceptuales que no concuerdan con el hecho son, por ejemplo, creer que el yo es una entidad estática e intrínseca.

MENTE NO CONCEPTUAL

La mente no conceptual se define como "un conocedor cuyo objeto aparece sin la necesidad de una imagen genérica".

Un ejemplo de consciencia no conceptual es la percepción directa, la percepción inatenta, algún conocedor subsiguiente y la consciencia errónea no conceptual. El segundo instante de una percepción directa que aprehende una forma es un ejemplo de un conocedor subsiguiente no conceptual, y una consciencia errónea no conceptual es percibir una montaña nevada de color azul.

MENTE EQUIVOCADA

La mente equivocada se define como "un conocedor que se equivoca con respecto al objeto que aparece". Todas las consciencias conceptuales y las consciencias erróneas lo son.

¿Por qué toda consciencia conceptual es equivocada? Por ejemplo, cuando un barcelonés piensa en Barcelona, aparece en su mente la generalidad del sonido y la del significado juntas, es decir, la representación o imagen genérica que le permite conocer el objeto: Barcelona. Pero esta imagen *no* es Barcelona.

Del mismo modo, si pensamos en nuestro hijo, aparece una imagen mental de él y nos olvidamos, por decirlo de algún modo, de que en realidad sólo es una imagen de él. La consciencia conceptual se confunde con relación al objeto que aparece, la imagen mental, pero no con el principal o con el que nos implicamos: Barcelona o nuestro hijo.

A través de la imagen mental, aunque sea equivocada en este sentido, contactamos o comprendemos Barcelona y nuestro hijo. Una consciencia errónea, en cambio, está equivocada con relación al objeto que aparece y al principal. Es muy importante tener en cuenta esta diferencia. Las mentes conceptuales son imprescindibles en la vida cotidiana y la espiritual.

MENTE NO EQUIVOCADA

La mente no equivocada se define como "un conocedor que no está equivocado con respecto al objeto que aparece". Según la escuela Sautantrika es sinónimo de percepción directa porque, para ella, mente válida y mente equivocada son contradictorias; pero según la escuela Prasangika las percepciones directas son mentes válidas pero aún así equivocadas, porque siempre aprehenden lo que perciben como autoexistente.

CONSCIENCIA SENSORIAL

La consciencia sensorial se define como "un conocedor producido en dependencia de su condición dominante específica, un poder sensorial físico". Para generar cualquier tipo de consciencia sensorial –visual, auditiva, gustativa, olfativa y del tacto– deben unirse el poder sensorial, el objeto y la consciencia respectiva. Ya se han mencionado en la división de la mente en siete clases.

CONSCIENCIA MENTAL

La consciencia mental se define como "un conocedor producido en dependencia de su condición dominante específica, el poder mental". Cuando hablamos de la mente en general nos referimos a una cosa, y al referirnos a la consciencia mental a otra. Mente es sinónimo de consciencia, conocedor o conocimiento; consciencia mental se refiere solo a algo que depende de un poder mental y no de un poder sensorial físico.

Las emociones aflictivas surgen en base a las consciencias sensoriales ya que, cuando ellas están en contacto con sus objetos, despiertan en nosotros apego, odio o ignorancia, que se trata de consciencias mentales.

La función de la consciencia sensorial es la de percibir objetos, no la de analizarlos. Pensar sobre el objeto es trabajo de la consciencia mental, que –en general– hace la mayor parte de cosas y trabaja más que las consciencias sensoriales.

Las experiencias espirituales dependen de la mente conceptual, que actúa como una plataforma para desarrollar la percepción directa.

IMPLICADOR QUE ELIMINA

El implicador que elimina se define como "un conocedor que se implica con su objeto por medio del poder de la terminología". Es sinónimo de consciencia conceptual. "Terminología" aquí significa "generalidad del significado". En dependencia de la terminología "taza" la consciencia conceptual aprehende su significado y elimina todo lo que no sea taza. La concepción se implica con la generalidad del significado –la representación mental de la taza–.

Tanto el sonido como la concepción a la que aparece la generalidad del significado concuerda con lo que aparece, la taza. La razón por la que se dice "que elimina" es porque al decir "taza" uno no enfatiza las diferentes partes de la taza, sino que elimina todo lo que no es taza para aprehender correctamente dicho objeto.

Una percepción directa es un "implicador que reúne" en el sentido de que aparecen a esa consciencia todas aquellas cosas que se establecen con el objeto, permanecen y se desintegran con él, como sus átomos y su transitoriedad. Se implica con su objeto de manera directa sin eliminar nada. La mente conceptual, por el otro lado, se implica con su objeto de manera eliminadora. Al no aprehender las características de un objeto, el pensamiento conceptual aprehende una imagen general que es una mera eliminación. Por ejemplo, el pensamiento conceptual "coche" es una imagen opuesta a un "no-coche".

IMPLICADOR QUE REÚNE

El implicador que reúne se define como "un conocedor que se implica con el objeto por el poder de la cosa". Es sinónimo de consciencia no conceptual. El implicador que reúne se implica directamente con el objeto, por el poder del objeto en sí. Cuando se relaciona con el objeto no ha de eliminar nada para entenderlo, se implica directamente con él.

La diferencia entre el implicador que reúne y el que elimina es que uno ha de eliminar para conocer el objeto y el otro se relaciona directamente gracias a que el objeto proyecta su aspecto en la mente que lo aprehende.

Por lo que respecta a las percepciones directas, hay una serie de percepciones que parecen ser percepciones directas pero que no son válidas.

Percepciones aparentes

Las percepciones aparentes –aunque lo parezcan– no son percepciones directas, sino consciencias incorrectas. Se dividen en dos clases:

Percepción aparente conceptual.
Percepción aparente no conceptual.

Percepción aparente conceptual

Concepción equivocada.
Consciencia convencional.
Concepción deductiva.
Concepción que surge de la deducción.
Concepción de la memoria.
Concepción de la aspiración o deseo.

La concepción equivocada se refiere a una concepción que aprehende el sonido como permanente.

La consciencia convencional es, por ejemplo, la aprehensión correcta de un vaso, que está hecha de átomos Es una percepción equivocada porque confunde la imagen mental del vaso con el vaso en sí.

La concepción deductiva es la consciencia que en base a un signo o razón lógica está a punto de aprehender que el sonido es impermanente. También es equivocada porque confunde el objeto que aparece, el conceptualizado, con el principal.

La concepción que surge de la deducción es la cognición que surge después del conocedor deductivo; es la memoria que tenemos de ello.

La concepción de la memoria es una consciencia que recuerda algo pasado y en la que se mezcla la imagen con el suceso original.

La concepción de la aspiración o deseo es una consciencia que proyecta algo para el futuro. No es un percibidor directo porque no ve el futuro directamente.

No vale la pena preocuparse mucho sobre lo que pasará en el futuro. En una ocasión un pobre campesino consiguió un saco de cebada y lo ató a una viga de su casa. Lleno de orgullo se tumbó debajo del saco y mientras lo observaba pensó: "En primer lugar lo venderé. Después compraré más cebada y obtendré una cosecha mayor, con lo cual me haré rico, compraré una casa, me casaré y tendré un hijo, pero ¿qué nombre le pondré?" Mientras pensaba en el nombre de su futuro hijo, por una apertura de la vieja casa vio asomarse la luna y dijo: "Le llamaré Tan Famoso como la Luna". Mientras estaba absorto en su ensoñación no se percató de que varias ratas habían consumido la cuerda que sostenía el pesado saco. Este le cayó encima y le aplastó. ¡Todos sus grandes proyectos fueron vanos!

En una ocasión, dos locos planeaban ir a una montaña a buscar oro. De camino al lugar elegido, uno afirmó: "Nos repartiremos el oro". "¿Cómo lo haremos?" preguntó seguidamente. El más listo de ellos respondió: "Dos trozos para ti y uno para mí". El otro se quejó diciendo que no era justo. La discusión fue subiendo de tono hasta que terminaron peleándose. Un anciano trató de separarles y les dijo: "¿Por qué os peleáis si ni tan siquiera tenéis el oro?"

Percepción aparente no conceptual

Estas consciencias erróneas tienen cuatro causas de error:

La causa de error que existe en el objeto.
La causa de error que existe en la base.
La causa de error que existe en el lugar.
La causa de error que existe en la condición inmediata precedente.

Un ejemplo de una percepción con un error que existe en el objeto sería la consciencia visual que percibe un círculo de fuego cuando alguien hace girar rápidamente una barrita de incienso encendida. La causa de que la consciencia perciba erróneamente está en el objeto, ya que en realidad no hay círculo alguno. No es conceptual porque percibe directamente, pero es errónea porque el objeto no existe tal y como se percibe.

Un ejemplo de una percepción con un error que existe en la base sería una consciencia visual que percibe dos lunas debido a una lesión en el ojo.

Un ejemplo de una percepción con un error que existe en el lugar sería la consciencia que percibe las casas y las montañas que se mueven cuando viajamos en tren. Al ir en tren las casas y los árboles parecen moverse, pero es una consciencia errónea porque —en realidad— las casas no se mueven. Si se moviesen serían el objeto de una percepción válida.

Un ejemplo de una percepción con un error en la condición inmediata sería una consciencia visual que lo percibe todo de color rojo por culpa de un fuerte enfado.

Estas consciencias erróneas pueden darse también por culpa de diversas enfermedades —por ejemplo, quien padece de ictericia lo percibirá todo de color amarillo—, y estas serían la condición inmediata precedente. Las ilusiones llevadas a cabo por los magos de antaño, por medio de las que hacían ver un elefante u otro animal a la audiencia, forman parte también de este tipo de percepciones directas similares.

APÉNDICE

Cuando Sakyamuni Buda impartía enseñanzas, en ocasiones, él mismo preparaba el trono como señal de respeto hacia el Dharma. También lo hacía para que la audiencia se diera cuenta de su preciosidad. Por esta razón, cuando un Maestro imparte enseñanzas formales de Dharma, se sienta en un lugar más elevado que los estudiantes. Estos, por su parte, se postran en señal de respeto. Escuchar enseñanzas con respeto y postrarse ante quien las imparte, proporciona beneficios al estudiante ya que le ayuda a tener experiencias espirituales. El *Prajnaparamita* aconseja respetar al que imparte el Dharma como si se tratase de un Buda. Si así lo hacemos, creamos las causas para obtener en el futuro sus elevadas cualidades. Escuchar el Dharma como si se tratase de una fría conferencia no aporta mucho beneficio.

Cuando se explica el Sutra, tanto en sus vertientes Hinayana como Mahayana, los estudiantes deben esperar de pie en la sala de meditación a quien imparte las enseñanzas. Una vez ésta terminada, los estudiantes se quedan de pie hasta que el Maestro abandona la sala de meditación. No es auspicioso que el estudiante abandone la sala antes que el Maestro

Escuchar de modo adecuado el Dharma es muy importante y no debe ser menospreciado. Escuchar también entraña leer, y en este caso, es importante generar una buena actitud hacia el Dharma y poseer una motivación altruista.

Tanto en Europa como en Tíbet hay personas que piensan que en la escuela guelupa no se medita, que solo se debate. Este punto de vista surge debido a que no se entiende con precisión la naturaleza del debate ni para qué sirve. El debate es un sistema basado en la lógica que ayuda a aumentar la sabiduría para discernir la realidad y constituye la mejor meditación analítica. No fue inventado por los tibetanos, ya que también existía en la India budista. Prácticamente todos los grandes eruditos de la India obtuvieron su conocimiento y realizaciones espirituales gracias al debate. Fue usado ampliamente en los primeros siglos de nuestra era en universidades budistas de la India como Nalanda y Vikramashila

El Budismo floreció en Tíbet en el siglo séptimo gracias a Guru Rimpoché, pero en aquella época el debate lógico no se llevaba a cabo en Tíbet, éste empezó a difundirse con la llegada de Atisha en el siglo décimo. Atisha tenía dos estudiantes especiales, Ngo Lekpe Sherab y Dromtompa. Fue gracias a Ngo Lekpe Sherab que se estableció la costumbre del debate lógico en el Tíbet. Este gran yogui fundó el monasterio de Sangpo; su primo era Ngo Loden Sherab, el cual tuvo ocho discípulos especialmente notorios, denominados "los ocho leones". Todos estudiaban en Sangpo y uno de ellos, Chaka Choky Senge fue el que estableció el tipo de debate que aún se practica hoy en día en los monasterios guelupa. Además de este debate, que es bastante complejo, existía otro que consistía principalmente en hacer preguntas y respuestas.

Cuando los jóvenes monjes entran en los monasterios guelupas, estudian temas como, *Signos y Razonamientos* (tib: *Dura*), *Topicos Reunidos* (tib: *Tarig*) y *Mente y sus Funciones* (tib: *Lo Rig*). Estos tres textos constituyen la llave mágica para acceder a estudios más elevados.

De momento, para los occidentales, no es posible debatir como se hacía en los monasterios del Tíbet pero, independientemente de la escuela budista que uno siga, estudiar y conocer la naturaleza y funciones de la mente es vital. Para ello es importante, en primer lugar, leer o escuchar muchas instrucciones al respecto, seguidamente estudiarlas, y después memorizar las diferentes definiciones y funciones de la mente para tratar de establecer dicho conocimiento en nuestro interior.

Para progresar en el Dharma y llegar a la Iluminación es necesario estudiar de manera seria y estructurada durante largo tiempo y contrastar nuestro conocimiento con practicantes más cualificados. Un orden en nuestro estudio podría ser el siguiente:

- Las Cuatro Nobles Verdades,
- Las Etapas del Camino a la Iluminación (*Lam Rim*)
- Adiestramiento de la Mente (*Lo Yong*)

Estos tres textos actuarían como base introductoria para abordar:

- La Mente y sus Funciones (*Lo Rig*)
- Guía a la Forma de Vida del Bodhisatva (*Bodhisatvacaryavatara*)

Y estaríamos más preparados para entrar en el estudio de textos como los siguientes:

- Las Cuatro escuelas de Principios Filosóficos Budistas (*Drubta*)
- Los Sutras de la Perfección de la Sabiduría (*Prajnaparamita*)
- Entrar en el Camino Medio (*Madhyamakavatara*)

Lama Tsong Khapa aconsejó a todos sus seguidores embarcarse en un estudio largo y profundo del Dharma. Las realizaciones espirituales no se pueden conseguir por medio del desarrollo de las consciencias sensoriales; el estudio intelectual es la plataforma para tener acceso a la experiencia directa. No obstante, además del uso de nuestra inteligencia es de vital importancia desarrollar buen corazón.